# 漢字って楽しい！

鳥

日

山

木

漢字は、むずかしそうに
みえますが、絵から
できた ものもあるのです。
そう思って ながめて みたら、
なんだか 漢字の 学習が
楽しく なって きませんか。

# 「漢検」級別 主な出題内容

**10級** …対象漢字数 80字
漢字の読み／漢字の書取／筆順・画数

**9級** …対象漢字数 240字
漢字の読み／漢字の書取／筆順・画数

**8級** …対象漢字数 440字
漢字の読み／漢字の書取／部首・部首名／筆順・画数／送り仮名／対義語／同じ漢字の読み

**7級** …対象漢字数 642字
漢字の読み／漢字の書取／部首・部首名／筆順・画数／送り仮名／対義語／同音異字／三字熟語

**6級** …対象漢字数 835字
漢字の読み／漢字の書取／部首・部首名／筆順・画数／送り仮名／対義語・類義語／同音・同訓異字／三字熟語／熟語の構成

**5級** …対象漢字数 1026字
漢字の読み／漢字の書取／部首・部首名／筆順・画数／送り仮名／対義語・類義語／同音・同訓異字／誤字訂正／四字熟語／熟語の構成

**4級** …対象漢字数 1339字
漢字の読み／漢字の書取／部首・部首名／送り仮名／対義語・類義語／同音・同訓異字／誤字訂正／四字熟語／熟語の構成

**3級** …対象漢字数 1623字
漢字の読み／漢字の書取／部首・部首名／送り仮名／対義語・類義語／同音・同訓異字／誤字訂正／四字熟語／熟語の構成

**準2級** …対象漢字数 1951字
漢字の読み／漢字の書取／部首・部首名／送り仮名／対義語・類義語／同音・同訓異字／誤字訂正／四字熟語／熟語の構成

**2級** …対象漢字数 2136字
漢字の読み／漢字の書取／部首・部首名／送り仮名／対義語・類義語／同音・同訓異字／誤字訂正／四字熟語／熟語の構成

**準1級** …対象漢字数 約3000字
漢字の読み／漢字の書取／故事・諺／対義語・類義語／同音・同訓異字／誤字訂正／四字熟語

**1級** …対象漢字数 約6000字
漢字の読み／漢字の書取／故事・諺／対義語・類義語／同音・同訓異字／誤字訂正／四字熟語

※ここに示したのは出題分野の一例です。毎回すべての分野から出題されるとは限りません。また、このほかの分野から出題されることもあります。

# 日本漢字能力検定採点基準 最終改定：平成25年4月1日

### ❶ 採点の対象

筆画を正しく、明確に書かれた字を採点の対象とし、くずした字や、乱雑に書かれた字は採点の対象外とする。

### ❷ 字種・字体

① 2〜10級の解答は、内閣告示「常用漢字表」（平成二十二年）による。ただし、旧字体での解答は正答とは認めない。

② 1級および準1級の解答は、『漢検要覧 1／準1級対応』（公益財団法人日本漢字能力検定協会発行）に示す「標準字体」「許容字体」「旧字体一覧表」による。

### ❸ 読み

① 2〜10級の解答は、内閣告示「常用漢字表」（平成二十二年）による。

② 1級および準1級の解答には、①の規定は適用しない。

### ❹ 仮名遣い

仮名遣いは、内閣告示「現代仮名遣い」による。

### ❺ 送り仮名

送り仮名は、内閣告示「送り仮名の付け方」による。

### ❻ 部首

部首は、『漢検要覧 2〜10級対応』（公益財団法人日本漢字能力検定協会発行）収録の「部首一覧表と部首別の常用漢字」による。

### ❼ 筆順

筆順の原則は、文部省編『筆順指導の手びき』（昭和三十三年）による。常用漢字一字一字の筆順は、『漢検要覧 2〜10級対応』収録の「常用漢字の筆順一覧」による。

### ❽ 合格基準

| 級 | 満点 | 合格 |
| --- | --- | --- |
| 1級／準1級／2級 | 二〇〇点 | 八〇％程度 |
| 準2級／3級／4級／5級／6級／7級 | 二〇〇点 | 七〇％程度 |
| 8級／9級／10級 | 一五〇点 | 八〇％程度 |

※部首、筆順は『漢検 漢字学習ステップ』など公益財団法人日本漢字能力検定協会発行図書でも参照できます。

# 日本漢字能力検定審査基準

## 10級

程度　小学校第1学年の学習漢字を理解し、文や文章の中で使える。

領域・内容

《読むことと書くこと》　小学校学年別漢字配当表の第1学年の学習漢字を読み、書くことができる。

《筆順》　点画の長短、接し方や交わり方、筆順および総画数を理解している。

## 9級

程度　小学校第2学年までの学習漢字を理解し、文や文章の中で使える。

領域・内容

《読むことと書くこと》　小学校学年別漢字配当表の第2学年までの学習漢字を読み、書くことができる。

《筆順》　点画の長短、接し方や交わり方、筆順および総画数を理解している。

## 8級

程度　小学校第3学年までの学習漢字を理解し、文や文章の中で使える。

領域・内容

《読むことと書くこと》　小学校学年別漢字配当表の第3学年までの学習漢字を読み、書くことができる。

- 音読みと訓読みとを理解していること
- 送り仮名に注意して正しく書けること（食べる、楽しい、後ろ　など）
- 対義語の大体を理解していること（勝つ―負ける、重い―軽い　など）
- 同音異字を理解していること（反対、体育、期待、太陽　など）

《筆順》　筆順、総画数を正しく理解している。

《部首》　主な部首を理解している。

## 7級

程度　小学校第4学年までの学習漢字を理解し、文章の中で正しく使える。

領域・内容

《読むことと書くこと》　小学校学年別漢字配当表の第4学年までの学習漢字を読み、書くことができる。

- 音読みと訓読みとを正しく理解していること
- 送り仮名に注意して正しく書けること（等しい、短い、流れる　など）
- 熟語の構成を知っていること
- 対義語の大体を理解していること（入学―卒業、成功―失敗　など）
- 同音異字を理解していること（健康、高校、公共、外交　など）

《筆順》　筆順、総画数を正しく理解している。

《部首》　部首を理解している。

## 6級

**程度**　小学校第5学年までの学習漢字を理解し、文章の中で漢字が果たしている役割を知り、正しく使える。

**領域・内容**

**《読むことと書くこと》**　小学校学年別漢字配当表の第5学年までの学習漢字を読み、書くことができる。

・音読みと訓読みとを正しく理解していること
・送り仮名や仮名遣いに注意して正しく書けること（求める、失う　など）
・熟語の構成を知っていること（上下、絵画、大木、読書、不明　など）
・対義語、類義語の大体を理解していること（禁止—許可、平等—均等　など）
・同音・同訓異字を正しく理解していること

**《筆順》**　筆順、総画数を正しく理解している。

**《部首》**　部首を理解している。

## 5級

**程度**　小学校第6学年までの学習漢字を理解し、文章の中で漢字が果たしている役割に対する知識を身に付け、漢字を文章の中で適切に使える。

**領域・内容**

**《読むことと書くこと》**　小学校学年別漢字配当表の第6学年までの学習漢字を読み、書くことができる。

・音読みと訓読みとを正しく理解していること
・送り仮名や仮名遣いに注意して正しく書けること
・熟語の構成を知っていること
・対義語、類義語を正しく理解していること
・同音・同訓異字を正しく理解していること

**《四字熟語》**　四字熟語を正しく理解している（有名無実、郷土芸能　など）。

**《筆順》**　筆順、総画数を正しく理解している。

**《部首》**　部首を理解し、識別できる。

## 4級

**程度**　常用漢字のうち約１３００字を理解し、文章の中で適切に使える。

**領域・内容**

**《読むことと書くこと》**　小学校学年別漢字配当表のすべての漢字と、その他の常用漢字約３００字の読み書きを習得し、文章の中で適切に使える。

・音読みと訓読みとを正しく理解していること
・送り仮名や仮名遣いに注意して正しく書けること
・熟語の構成を正しく理解していること
・熟字訓、当て字を理解していること（小豆／あずき、土産／みやげ　など）
・対義語、類義語、同音・同訓異字を正しく理解していること

**《四字熟語》**　四字熟語を理解している。

**《部首》**　部首を識別し、漢字の構成と意味を理解している。

## 3級

**程度**　常用漢字のうち約１６００字を理解し、文章の中で適切に使える。

**領域・内容**

**《読むことと書くこと》**　小学校学年別漢字配当表のすべての漢字と、その他の常用漢字約６００字の読み書きを習得し、文章の中で適切に使える。

・音読みと訓読みとを正しく理解していること
・送り仮名や仮名遣いに注意して正しく書けること
・熟語の構成を正しく理解していること
・熟字訓、当て字を理解していること（乙女／おとめ、風邪／かぜ　など）
・対義語、類義語、同音・同訓異字を正しく理解していること

**《四字熟語》**　四字熟語を理解している。

**《部首》**　部首を識別し、漢字の構成と意味を理解している。

※常用漢字とは、平成22年（2010年）11月30日付内閣告示による「常用漢字表」に示された2136字をいう。

## 準2級

**程度** 常用漢字のうち1951字を理解し、文章の中で適切に使える。

**領域・内容**

《読むことと書くこと》 1951字の漢字の読み書きを習得し、文章の中で適切に使える。

- 音読みと訓読みとを正しく理解していること
- 送り仮名や仮名遣いに注意して正しく書けること
- 熟語の構成を正しく理解していること
- 熟字訓、当て字を理解していること（硫黄／いおう、相撲／すもう など）
- 対義語、類義語、同音・同訓異字を正しく理解していること

《四字熟語》 典拠のある四字熟語を理解している（驚天動地、孤立無援 など）。

《部首》 部首を識別し、漢字の構成と意味を理解している。

※ 1951字とは、昭和56年（1981年）10月1日付内閣告示による旧「常用漢字表」の1945字から「勺」「錘」「銑」「脹」「匁」の5字を除いたものに、現行の「常用漢字表」のうち、「茨」「媛」「岡」「熊」「埼」「鹿」「栃」「奈」「梨」「阪」「阜」の11字を加えたものを指す。

## 2級

**程度** すべての常用漢字を理解し、文章の中で適切に使える。

**領域・内容**

《読むことと書くこと》 すべての常用漢字の読み書きに習熟し、文章の中で適切に使える。

- 音読みと訓読みとを正しく理解していること
- 送り仮名や仮名遣いに注意して正しく書けること
- 熟語の構成を正しく理解していること
- 熟字訓、当て字を理解していること（海女／あま、玄人／くろうと など）
- 対義語、類義語、同音・同訓異字などを正しく理解していること

《四字熟語》 典拠のある四字熟語を理解している（鶏口牛後、呉越同舟 など）。

《部首》 部首を識別し、漢字の構成と意味を理解している。

## 準1級

**程度** 常用漢字を含めて、約3000字の漢字の音・訓を理解し、文章の中で適切に使える。

**領域・内容**

《読むことと書くこと》 常用漢字の音・訓を含めて、約3000字の漢字の読み書きに慣れ、文章の中で適切に使える。

- 熟字訓、当て字を理解していること
- 対義語、類義語、同音・同訓異字などを理解していること
- 国字を理解していること（峠、凧、畠 など）
- 複数の漢字表記について理解していること（國―国、交叉―交差 など）

《四字熟語・故事・諺》 典拠のある四字熟語、故事成語・諺を正しく理解している。

《古典的文章》 古典的文章の中での漢字・漢語を理解している。

※ 約3000字の漢字は、JIS第一水準を目安とする。

## 1級

**程度** 常用漢字を含めて、約6000字の漢字の音・訓を理解し、文章の中で適切に使える。

**領域・内容**

《読むことと書くこと》 常用漢字の音・訓を含めて、約6000字の漢字の読み書きに慣れ、文章の中で適切に使える。

- 熟字訓、当て字を理解していること
- 対義語、類義語、同音・同訓異字などを理解していること
- 国字を理解していること（怺える、毟る など）
- 地名・国名などの漢字表記（当て字の一種）を知っていること
- 複数の漢字表記について理解していること（鹽―塩、颱風―台風 など）

《四字熟語・故事・諺》 典拠のある四字熟語、故事成語・諺を正しく理解している。

《古典的文章》 古典的文章の中での漢字・漢語を理解している。

※ 約6000字の漢字は、JIS第一・第二水準を目安とする。

※常用漢字とは、平成22年（2010年）11月30日付内閣告示による「常用漢字表」に示された2136字をいう。

# 個人受検を申し込まれる皆さまへ

## 協会ホームページのご案内

検定に関する最新の情報（申込方法やお支払い方法など）は、公益財団法人　日本漢字能力検定協会ホームページ https://www.kanken.or.jp/ をご確認ください。
なお、下記の二次元コードから、ホームページへ簡単にアクセスできます。

### 受検規約について

受検を申し込まれる皆さまは、「日本漢字能力検定 受検規約（漢検PBT）」の適用があることを同意のうえ、検定の申し込みをしてください。受検規約は協会のホームページでご確認いただけます。

## 1 受検級を決める

**受検資格**　制限はありません

**実施級**　1、準1、2、準2、3、4、5、6、7、8、9、10級

**検定会場**　全国主要都市約170か所に設置
（実施地区は検定の回ごとに決定）

**検定時間**　ホームページにてご確認ください。

## 2 検定に申し込む

インターネットにてお申し込みください。

①家族・友人と同じ会場での受検を希望する方は、検定料のお支払い完了後、申込締切日の2営業日後までに協会（お問い合わせフォーム）までお知らせください。

**注意**

②障がいがあるなど、身体的・精神的な理由により、受検上の配慮を希望される方は、申込締切日までに協会（お問い合わせフォーム）までご相談ください（申込締切日以降のお申し出には対応できかねます）。

③申込締切日以降は、受検級・受検地を含む内容変更および取り消し・返金は、いかなる場合もできません。また、次回以降の振り替え、団体受検や漢検CBTへの変更もできません。

### 団体受検の申し込み

自分の学校や企業などの団体で志願者が一定以上集まると、団体単位で受検の申し込みができる「団体受検」という制度もあります。団体受検申込を扱っているかどうかは先生や人事関係の担当者に確認してください。

## 3 受検票が届く

受検票は検定日の約1週間前から順次お届けします。

**注意**

①1、準1、2、準2、3級の方は、後日届く受検票に顔写真（タテ4㎝×ヨコ3㎝、6か月以内に撮影、上半身、正面、帽子やマスクは外す）を貼り付け、会場に当日持参してください。
（当日回収・返却不可）

②4級～10級の方は、顔写真は不要です。

## 4 検定日当日

**持ち物** 受検票、鉛筆（HB、B、2Bの鉛筆またはシャープペンシル）、消しゴム

※ボールペン、万年筆などの使用は認められません。ルーペ持ち込み可。

**注意**

①会場への車での来場（送迎を含む）は、交通渋滞の原因や近隣の迷惑になりますので固くお断りします。

②検定開始時刻の15分前を目安に受検教室までお越しください。答案用紙の記入方法などを説明します。

③携帯電話やゲーム、電子辞書などは、電源を切り、かばんにしまってから入場してください。

④検定中は受検票を机の上に置いてください。

⑤答案用紙には、あらかじめ名前や生年月日などが印字されています。

⑥検定日の約5日後に漢検ホームページにて標準解答を公開します。

## 5 合否の通知

検定日の約40日後に、受検者全員に「検定結果通知」を郵送します。合格者には「合格証書」・「合格証明書」を同封します。欠席者には検定問題と標準解答をお送りします。受検票は検定結果が届くまで大切に保管してください。

### 進学・就職に有利！ 合格者全員に合格証明書発行

大学・短大の推薦入試の提出書類に、また就職の際の履歴書に添付してあなたの漢字能力をアピールしてください。合格者全員に、合格証書と共に合格証明書を2枚、無償でお届けいたします。

**合格証明書が追加で必要な場合は有償で再発行できます。**

申請方法はホームページにてご確認ください。

### お問い合わせ窓口

**電話番号** フリーコール **0120-509-315**（無料）

（海外からはご利用いただけません。ホームページよりメールでお問い合わせください。）

**お問い合わせ時間** 月～金　9時00分～17時00分

（祝日・お盆・年末年始を除く）

※公開会場検定日とその前日の土曜は開設

※検定日は9時00分～18時00分

**メールフォーム** https://www.kanken.or.jp/kanken/contact/

# 「漢検」受検の際の注意点

**【字の書き方】**

問題の答えは楷書で大きくはっきり書きなさい。乱雑な字や続け字、また、行書体や草書体のようにくずした字は採点の対象とはしません。

特に漢字の書き取り問題では、答えの文字は教科書体をもとにして、はねるところ、とめるところなどもはっきり書きましょう。また、画数に注意して、一画一画を正しく、明確に書きなさい。

《例》

○熱　×熱

○言　×言

○糸　×糸

**【字種・字体について】**

(1)日本漢字能力検定2～10級においては、「常用漢字表」に示された字種で書きなさい。つまり、表外漢字（常用漢字表にない漢字）を用いると、正答とは認められません。

《例》

○交差点　×交叉点　（「叉」が表外漢字）

○寂しい　×淋しい　（「淋」が表外漢字）

(2)日本漢字能力検定2～10級においては、「常用漢字表」に示された字体で書きなさい。なお、「常用漢字表」に参考として示されている康熙（こうき）字典体など、旧字体と呼ばれているものを用いると、正答とは認められません。

《例》

○真　×眞

○飲　×飮

○弱　×弱

○渉　×涉

○迫　×迫

(3)一部例外として、平成22年告示「常用漢字表」で追加された字種で、許容字体として認められているものや、その筆写文字と印刷文字との差が習慣の相違に基づくとみなせるものは正答と認めます。

《例》

餌 → 餌　と書いても可

遜 → 遜　と書いても可

葛 → 葛　と書いても可

溺 → 溺　と書いても可

箸 → 箸　と書いても可

**注意**

(3)において、どの漢字が当てはまるかなど、一字一字については、当協会発行図書（2級対応のもの）掲載の漢字表で確認してください。

公益財団法人 日本漢字能力検定協会

漢検

# 漢検過去問題集

漢検 公益財団法人 日本漢字能力検定協会

## ●この本に関するアンケート●

今後の出版事業に役立てたいと思いますので、アンケートにご協力ください。抽選で粗品をお送りします。

**◆PC・スマートフォンの場合**

下記URL、または二次元コードから回答画面に進み、画面の指示に従ってお答えください。

https://www.kanken.or.jp/kanken/textbook/past.html

**◆愛読者カード（ハガキ）の場合**

この本に挟み込んでいるハガキに切手をはり、お送りください。

# もくじ



## ふろく

# この本のつかいかた

この本は、2021・2022年度に行った日本漢字能力検定（漢検）9級の「しけんもんだい」と、その「標準解答（こたえ）」をおさめたものです。

さらに、検定での注意事項、「しけんもんだい」の実物大見本、合格者平均得点など、受検にあたって知っておきたい情報をおさめました。

## 1　「しけんもんだい」を解く

2021・2022年度に行った「しけんもんだい」のうち、13回分をおさめました。

1回分の問題は見開きで6ページです（図1）。

「しけんもんだい」は、段ごとに右ページから左ページへつづけて見てください。

図1「しけんもんだい」

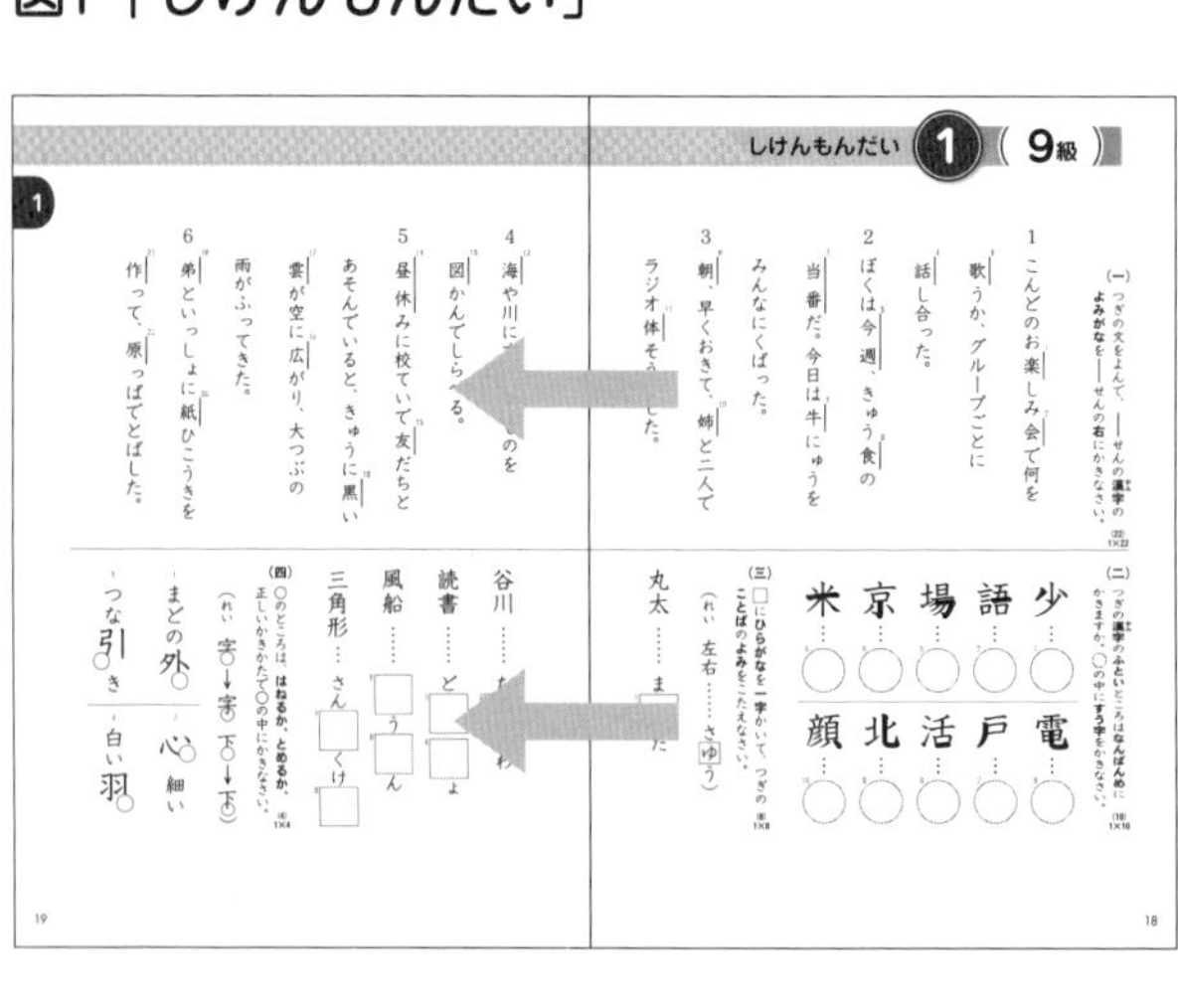

9級の検定時間は40分です。時間をはかりながら、1回分を通して解きましょう。

## 2 別冊の「標準解答（こたえ）」で答え合わせ

各問題の標準解答は別冊にまとめました。1回分は見開きで4ページです（図2）。

9級は150点満点です。80％程度正解を合格のめやすとしてください。

また、「しけんもんだい」**1**～**10**と実物大見本（**13**）の解答には、(一)(二)(三)……の大問ごとに**合格者平均得点**をつけました。問題のむずかしさを知る手がかりとしてください。

図2「標準解答（こたえ）」

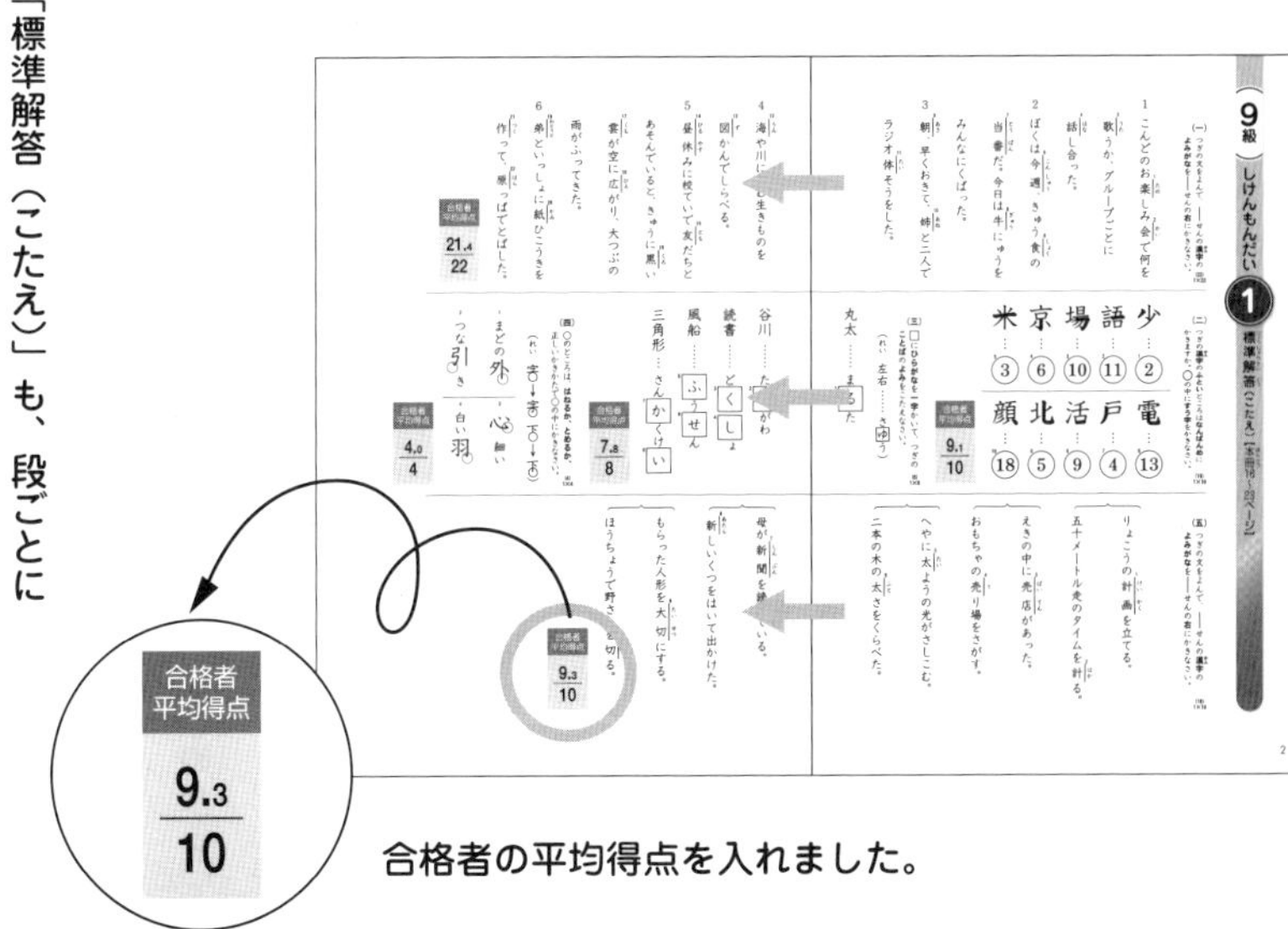


「標準解答（こたえ）」も、段ごとに右ページから左ページへつづけて見てください。

合格者の平均得点を入れました。

## 3 「検定(けんてい)ではここにちゅうい！」をチェック

検定当日の注意事項(ちゅういじこう)や、実際(じっさい)の答案(とうあん)記入にあたって注意していただきたいことをまとめました。

ここをしっかり読んで、検定当日に備(そな)えてください。

## 4 巻末(かんまつ)―しけんもんだい実物大(じつぶつだい)見本

「しけんもんだい」**13**は、巻末に実物とほぼ同じ大きさ・形式(けいしき)でおさめています（図3～図6）。

検定は、問題(もんだい)用紙に直接解答(ちょくせつかいとう)を書きこむ形式で行います。この見本をつかって、実際の解答形式になれておきましょう。

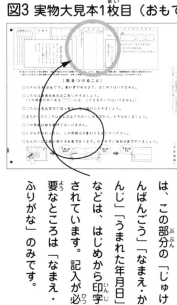

図3 実物大見本1枚(まい)目（おもて）

9級
漢検
日本漢字能力検定 しけんもんだい
（気をつけること）
○じかんは40ぷんです。あいずがあるまで、はじめてはいけません。
○こたえは決められたところにかきましょう。
2まいめ おもて
1まいめ うら
2まいめ うら
公開会場で受検(じゅけん)の場合は、この部分(ぶぶん)の「じゅけんばんごう」「なまえ・かんじ」「うまれた年月日」などは、はじめから印字(いんじ)されています。記入が必要(ひつよう)なところは「なまえ・ふりがな」のみです。

図4 実物大見本1枚目（うら）

答えは決(き)められたところに書きましょう。この部分には何も書いてはいけません。

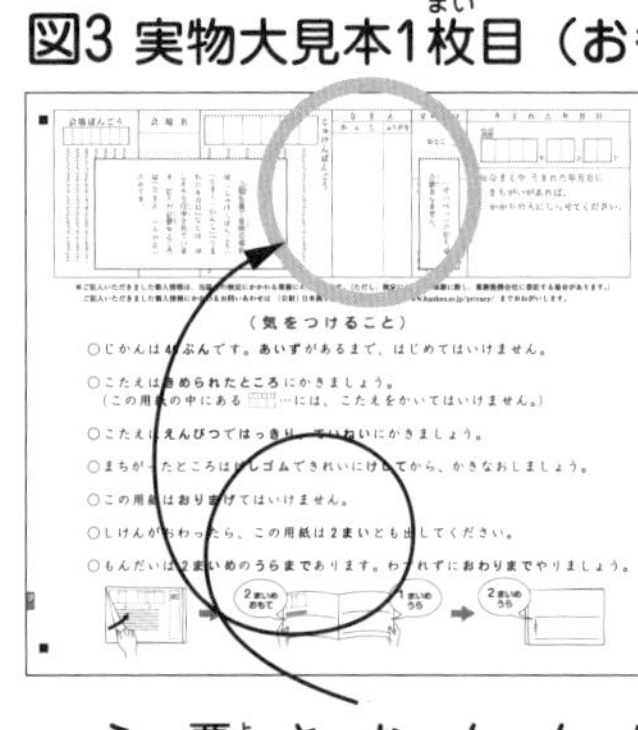

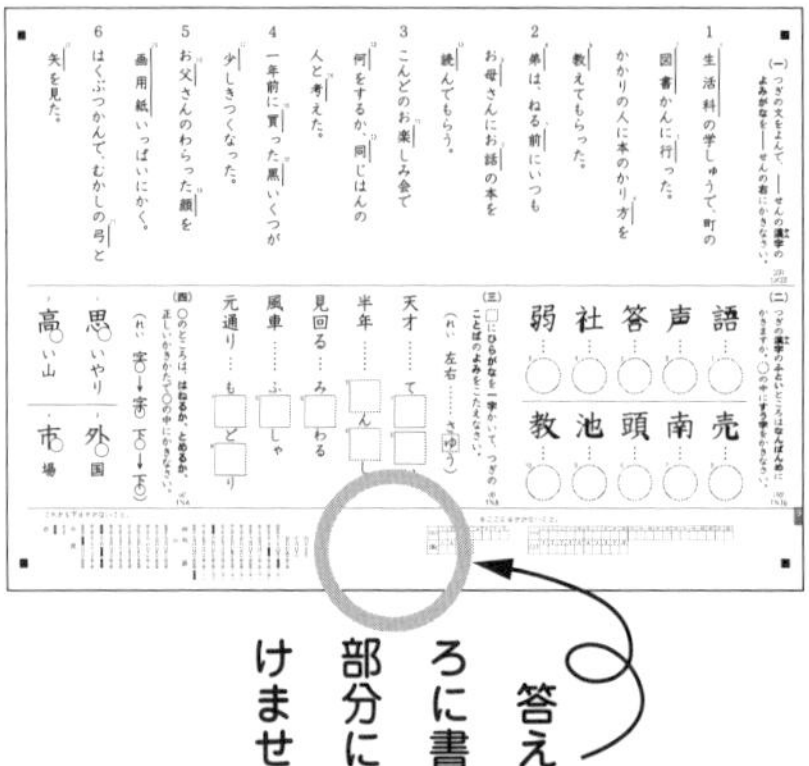

**●巻頭―カラー口絵**

主な出題内容、採点基準、および審査基準などをのせました。

**●ふろく―8級の問題と標準解答**

8級の「しけんもんだい」1回分を、9級の「しけんもんだい」の後にのせました（標準解答は別冊です）。

**●データでみる「漢検」**

「漢検」受検者の年齢層別割合・大問別正答率を、別冊の最後にまとめました。

図5 実物大見本2枚目（おもて）

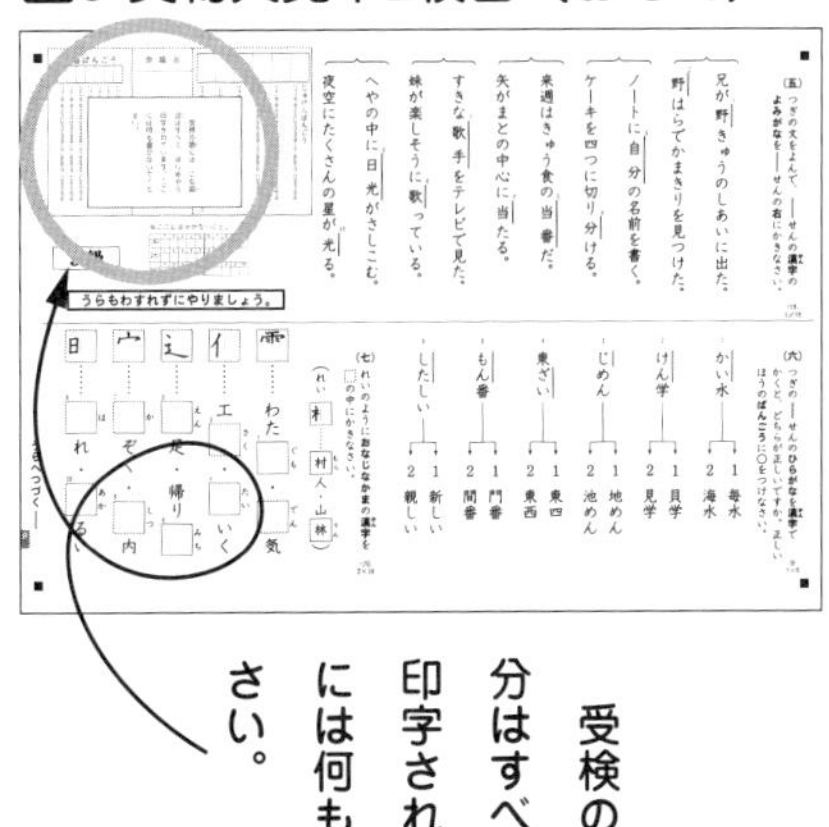

受検の際には、この部分はすべて、はじめから印字されています。ここには何も書かないでください。

図6 実物大見本2枚目（うら）

2枚目のうらにも問題があります。わすれずに、かならず最後までやりましょう。

# 検定(けんてい)ではここにちゅうい！

## 当日は何をもっていけばよいですか？

受検票(じゅけんひょう)（公開(こうかい)会場の場合）と筆記用具(ひっきようぐ)はかならずもってきてください。受検票は検定日の１週間くらい前にとどきます。

えんぴつまたはシャープペンシルは、ＨＢ・Ｂ・２Ｂのものをつかってください。何本か多めにもっていくとよいでしょう。けしゴムもわすれずにもっていきましょう。

## そのほかにちゅういすることは何ですか?

検定がはじまる10分前から説明(せつめい)をしますので、はじまりの15分前には会場に入り、せきについていてください。

けいたい電話やゲームなどは、電源(でんげん)を切り、かばんにしまってから会場に入りましょう。

せきについたら、受検票と筆記用具をつくえの上において、かかりの人の説明をよく聞いてください。

## じっさいのもんだい用紙はどんなものですか？

9級（きゅう）のもんだい用紙は2まい（おもてとうらで4ページ）あります。1まい目のおもてには「気をつけること」が書いてありますので、はじめにここをよく読みましょう。

9級では、もんだい用紙と答案（とうあん）用紙はべつべつになっていません。答えはすべてもんだい用紙にそのまま書きこんでください。

もんだいは2まい目のうらまであります。わすれずにやりましょう。

この本の一番後ろには、じっさいのもんだい用紙とほぼ同じ大きさの見本がついています。この見本をつかって、れんしゅうしてみましょう。

※保護者の方・指導者の方へ――公開会場で受検の場合は、名前（「かんじ」の欄）は最初から印字されています。

## もんだいに答えるときに、ちゅういすることは何ですか？

もんだい文に、答える部分(ぶぶん)や答え方などが書いてあるときは、そのとおりに答えてください。

たとえば、「――せんの漢字(かんじ)」とあるところでは、「――せんの漢字(かんじ)」部分だけを答えましょう。

もんだい文に書いてあるとおりの答え方をしないと、ふせいかいとなります。もんだい文をおちついて、よく読んでから、答えるようにしましょう。

**★れい★**

**〈もんだい〉**

つぎの**――**せんの**漢字(かんじ)**の**よみがな**を**――**せんの**右**にかきなさい。

かいだんを下りる。

**〈こたえ〉**

かいだんを下(お)りる。……◯

かいだんを下(おりる)りる。……×

かいだんを(お)下りる。……×

## 答えの書き方でちゅういすることは何ですか？

漢字（かんじ）を書くときは、ていねいに、はっきりと書いてください。くずした字やざつな字はふせいかいとなります。

教科書の字（手書きの字に近いとされる）をお手本にして、はねるところ、とめるところなどもはっきり書きましょう。

とくに下のことにちゅういしてください。

①画数を正しく書く
★れい★　長…○　長…×

②字のほね組みを正しく書く
★れい★　四…○　四…×

③つき出るところ、つき出ないところを正しく書く
★れい★　車…○　車…×

④字の組み立てを正しく書く
★れい★　校…○　校…×

⑤一画ずつていねいに書く
★れい★　山…○　山…×

また、ひらがなを書くときも、漢字で書くときと同じように、ていねいに書いてください。

とくにつぎのことにちゅういしてください。

①形がにているひらがな

・さいごに書くところをはっきりと書く

★れい★　ぬ・め　／　ね・れ・わ　／　る・ろ　など

・バランス・画のまげ方に気をつける

★れい★　て・へ　／　か・や　／　く・し　／　ゆ・わ　／　く・ん　など

②拗音（ようおん）「ゃ」「ゅ」「ょ」や促音（そくおん）「っ」は小さく右によせて書く

★れい★　いしゃ…◯　いしや…×

がっこう…◯　がつこう…×

③濁点（だくてん）「゛」や半濁点「゜」をはっきり書く

★れい★　ず…◯　ず…×　ず…×

ぱ…◯　ぱ…×　ぱ…×

## つぎの漢字はどちらが正しい書き方ですか?

戸「戸」か「戸」か

言「言」か「言」か

文「文」か「文」か

公「公」か「公」か

糸「糸」か「糸」か

女「女」か「女」か

どちらの書き方でも正解とします。

こうしたちがいは、活字（いんさつされた字）と手書きの字とのちがいです。

検定では、教科書の字（手書きの字に近いとされる）をお手本にして書くことをすすめていますが、ふつうの活字と手書きの字とのちがいの中には、どちらで書いてもよいものがあります。ここにあげた漢字は、その一部（いちぶ）です。

つぎに、こうしたれいをあげておきます。

①長いか、みじかいか

戸―戸戸戸　雨―雨雨

②むきはどちらか

言―言言言　風―風風

③つけるか、はなすか

文―文文　月―月月

④はらうか、とめるか

公―公公　角―角角

⑤はねるか、とめるか

糸―糸糸　切―切切切

⑥その他（た）

女―女女　外―外外外

| しけんもんだい | 学習(がくしゅう)した日 | 点　数 |
| --- | --- | --- |
| 1 | 月　　日 | 点 |
| 2 | 月　　日 | 点 |
| 3 | 月　　日 | 点 |
| 4 | 月　　日 | 点 |
| 5 | 月　　日 | 点 |
| 6 | 月　　日 | 点 |
| 7 | 月　　日 | 点 |
| 8 | 月　　日 | 点 |
| 9 | 月　　日 | 点 |
| 10 | 月　　日 | 点 |
| 11 | 月　　日 | 点 |
| 12 | 月　　日 | 点 |
| 13 実物大見本(じつぶつだいみほん) | 月　　日 | 点 |

○学習した日と点数を記入しましょう。

# 9級 しけんもんだい

# しけんもんだい  （9級）

## （一）

つぎの文をよんで、——せんの**漢字**のよみがなを——せんの**右**にかきなさい。

(22) 1×22

1 こんどのお[1]楽しみ[2]会で何を[3]歌うか、グループごとに[4]話し合った。

2 ぼくは[5]今週、きゅう[6]食の[7]当番だ。今日は[8]牛にゅうをみんなにくばった。

3 [9]朝、早くおきて、[10]姉と二人でラジオ[11]体そうをした。

## （二）

つぎの**漢字**の**ふとい**ところは**なんばんめ**にかきますか。○の中に**すう字**をかきなさい。

(10) 1×10

少……1 ○

語……2 ○

場……3 ○

京……4 ○

米……5 ○

電……6 ○

戸……7 ○

活……8 ○

北……9 ○

顔……10 ○

## （三）

□に**ひらがな**を**一字**かいて、つぎの**ことば**の**よみ**をこたえなさい。

(8) 1×8

（れい　左右……さ[ゆ]う）

丸太……ま 1 □ た

1

4 海[12]や川にすむ生きものを
図[13]かんでしらべる。

5 昼休[14]みに校ていで友[15]だちと
あそんでいると、きゅうに黒[16]い
雲[17]が空に広[18]がり、大つぶの
雨がふってきた。

6 弟[19]といっしょに紙[20]ひこうきを
作[21]って、原[22]っぱでとばした。

---

谷川……た[2]がわ
読書……ど[3][4]ょ
風船……[5]う[6]ん
三角形…さん[7]くけ[8]

**(四)** ○のところは、**はねるか、とめるか、**正しいかきかたで○の中にかきなさい。 (4) 1×4

(れい 字○→字○ 下○→下○)

1 まどの外○

2 つな引○き

3 心○細い

4 白い羽○

（五）つぎの文をよんで、――せんの漢字（かん）のよみがなを――せんの右にかきなさい。

(10) 1×10

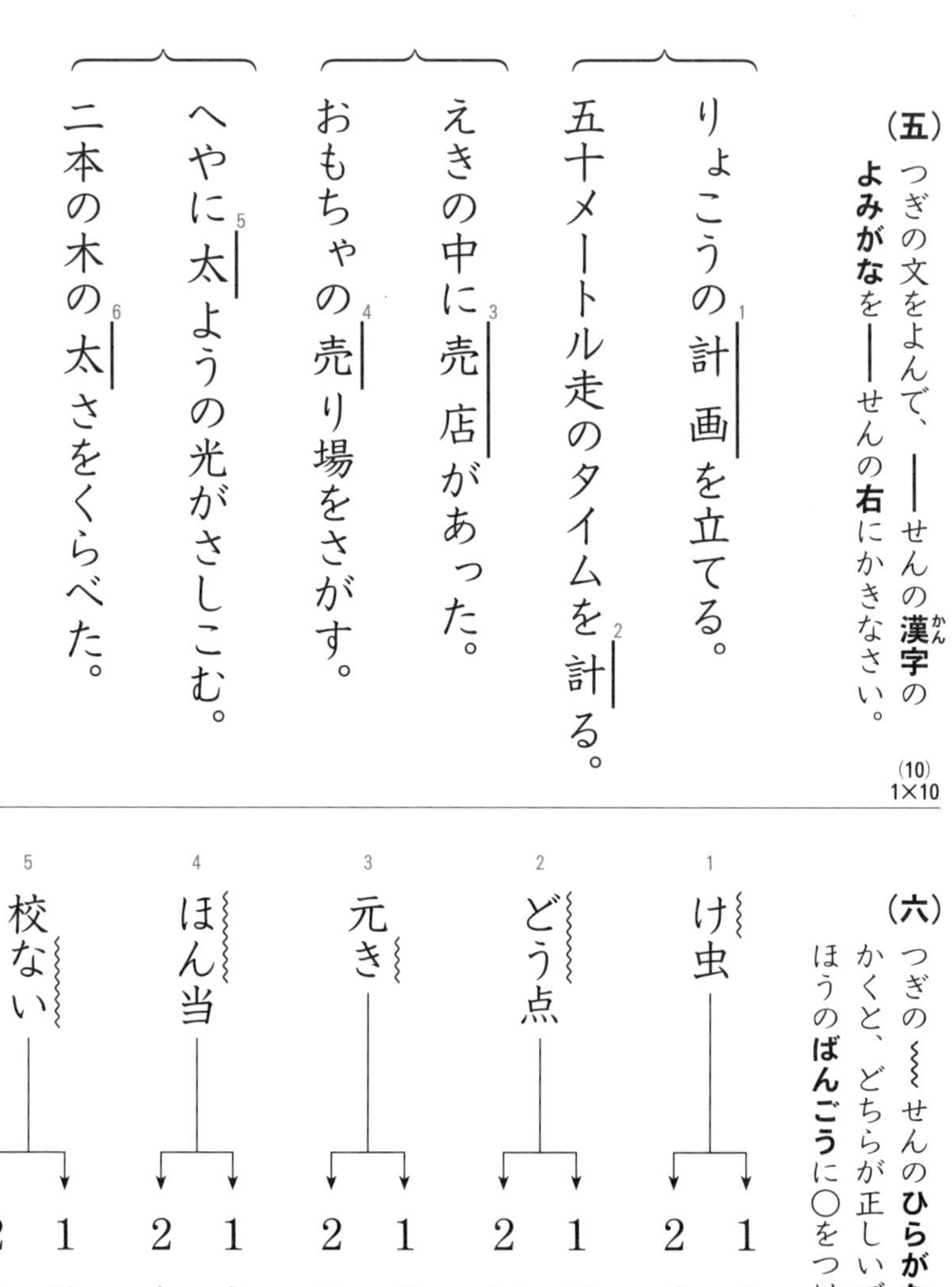

りょこうの計画[1]を立てる。

五十メートル走のタイムを計る[2]。

えきの中に売店[3]があった。

おもちゃの売り場[4]をさがす。

へやに太よう[5]の光がさしこむ。

二本の木の太さ[6]をくらべた。

（六）つぎの〰せんのひらがなを漢字（かん）でかくと、どちらが正しいですか。正しいほうのばんごうに○をつけなさい。

(6) 1×6

1 け虫 — 1 毛虫　2 手虫

2 どう点 — 1 同点　2 何点

3 元き — 1 元汽　2 元気

4 ほん当 — 1 本当　2 木当

5 校ない — 1 校肉　2 校内

母が7新聞を読んでいる。

8新しいくつをはいて出かけた。

もらった人形を9大切にする。

ほうちょうで野さいを10切る。

6こう作 → 1 土作 / 2 工作

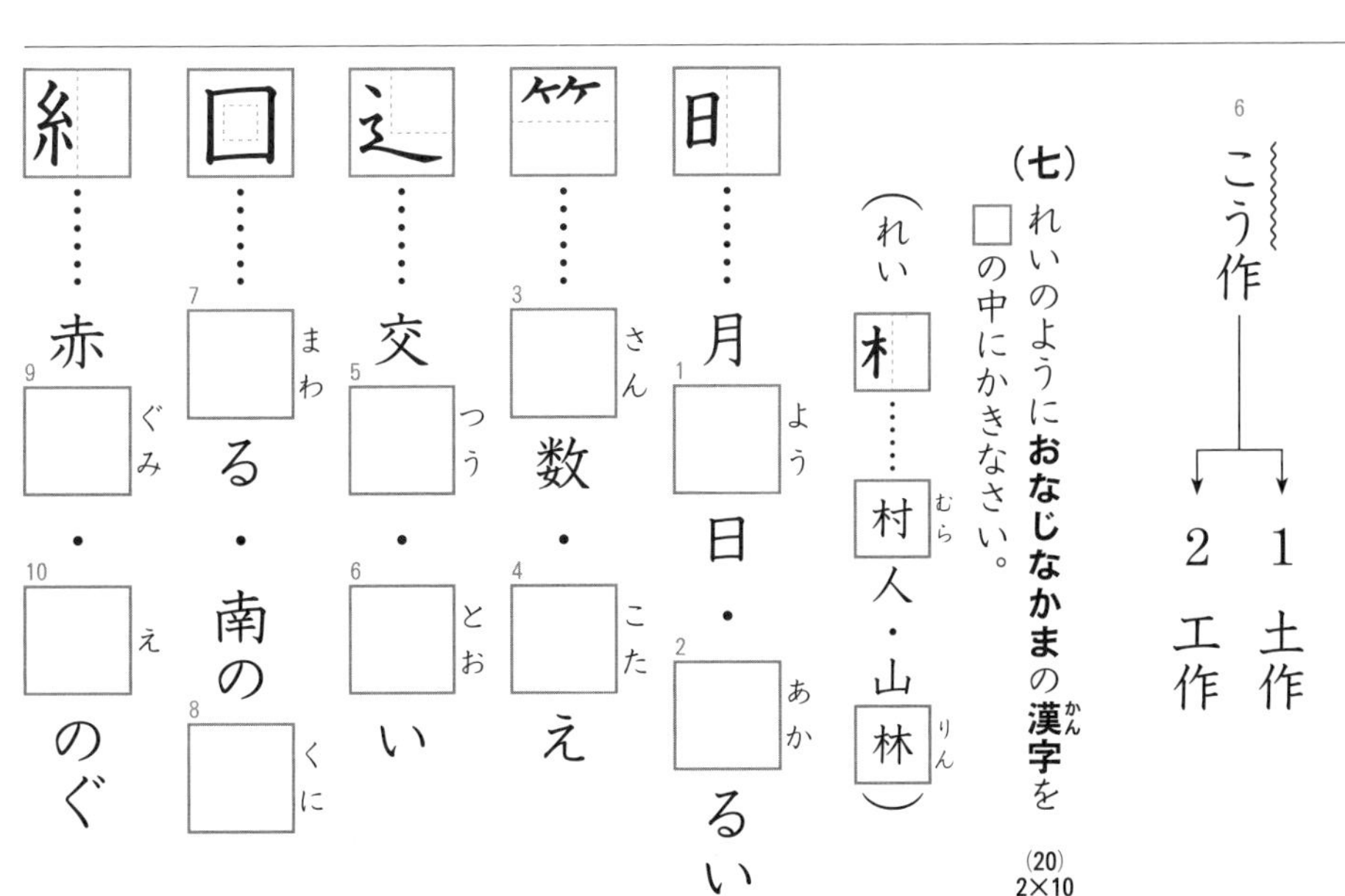

(七) れいのようにおなじなかまの漢字(かん)を□の中にかきなさい。 (20) 2×10

(れい) 木……村(むら)人・山林(りん)

日……月・1□(よう)日・2□(あか)るい

竹……3□(さん)数・4□(こた)え

辶……交5□(つう)・6□(とお)い

囗……7□(まわ)る・南の8□(くに)

糸……赤9□(ぐみ)・10□(え)のぐ

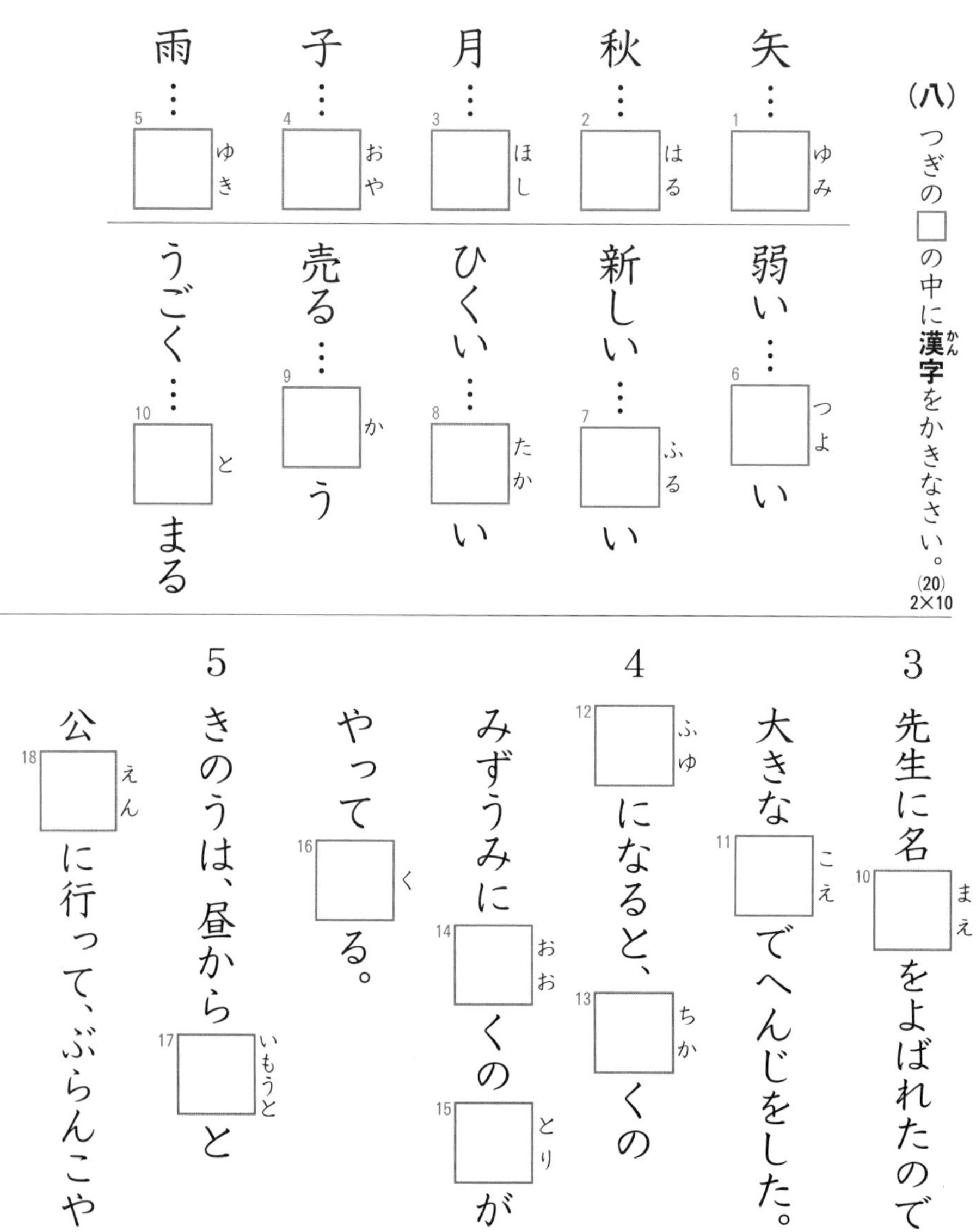

**(八)** つぎの□の中に**漢字**（かんじ）をかきなさい。 (20) 2×10

矢…1□（ゆみ）

秋…2□（はる）

月…3□（ほし）

子…4□（おや）

雨…5□（ゆき）

弱い…6□（つよ）い

新しい…7□（ふる）い

ひくい…8□（たか）い

売る…9□（か）う

うごく…10□（と）まる

3 先生に名10□（まえ）をよばれたので
大きな11□（こえ）でへんじをした。

4 12□（ふゆ）になると、13□（ちか）くの
みずうみに14□（おお）くの15□（とり）が
やって16□（く）る。

5 きのうは、昼から17□（いもうと）と
公18□（えん）に行って、ぶらんこや

**(九)** つぎの文をよんで、□の中に**漢字**(かん)をかきなさい。 (50) 2×25

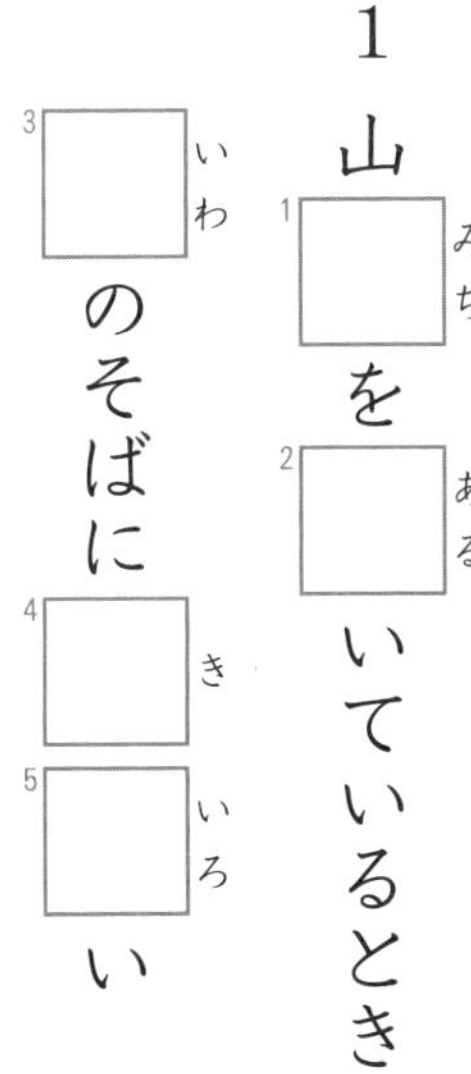

1 山 1□(みち) を 2□(ある) いているとき
3□(いわ) のそばに 4□(き) 5□(いろ) い
花がさいているのを
見つけた。

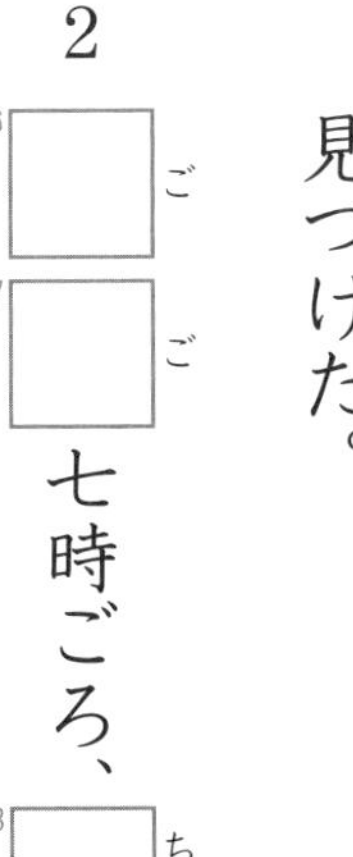

2 6□(ご) 7□(ご) 七時ごろ、8□(ちち) が
会社から 9□(かえ) ってきた。

---

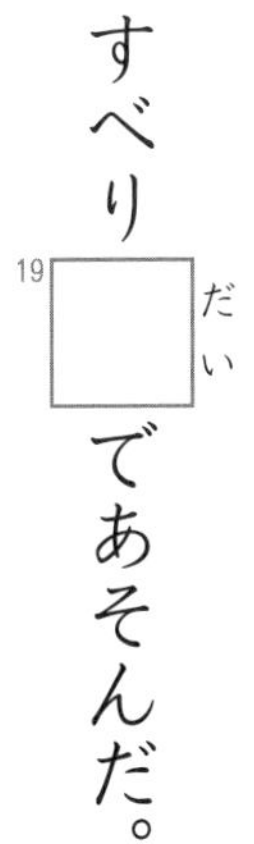

すべり 19□(だい) であそんだ。

6 ものさしで、いろいろな
20□(ちょく) 21□(せん) の 22□(なが) さをはかる。

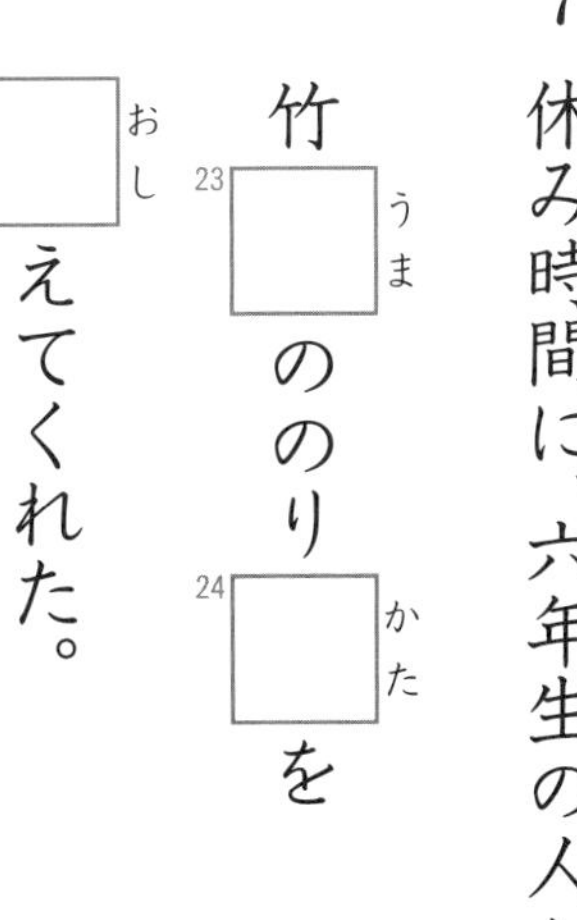

7 休み時間に、六年生の人が
竹 23□(うま) のり 24□(かた) を
25□(おし) えてくれた。

▼解答(かいとう)(こたえ)は別冊(べっさつ)2～5ページ

（一）つぎの文をよんで、――せんの漢字(かん)のよみがなを――せんの右にかきなさい。 (22) 1×22

1 おまわりさんが学校に来[1]て交通[2]ルールをわかりやすく教[3]えてくれた。

2 どうぶつ園[4]のかばが大きな口をあけて、すいかを丸[5]ごと食[6]べていた。

3 お兄[7]さんは、鳴[8]き声を聞[9]いただけで、鳥[10]の名まえを

（二）つぎの漢字(かん)のふといところはなんばんめにかきますか。〇の中にすう字をかきなさい。 (10) 1×10

形…1〇 来…2〇 思…3〇 京…4〇 教…5〇

雲…6〇 食…7〇 新…8〇 用…9〇 細…10〇

（三）□にひらがなを一字かいて、つぎのことばのよみをこたえなさい。 (8) 1×8

（れい　左右……さ[ゆ]う）

雨雲……1□まぐも

言[11]うことができる。

4 近[12]くのじんじゃに、白い馬[13]を

えがいた古い絵[14]がある。

5 図工[15]の時間に作[16]った船[17]を

おふろでうかべた。

6 夏休[18]みのすごし方[19]について

お母[20]さんといっしょに考[21]え、

計画[22]を立てた。

---

草原……そ[2]□げ[3]□

半年……[4]□んと[5]□

正直……しょうじ[6]□

大雪……[7]□お[8]□き

**(四)** ○のところは、**はねるか、とめるか、**正しいかきかたで○の中にかきなさい。 (4) 1×4

（れい 字○→字○ 下○→下○）

1 弓○と矢

2 までの外○

3 内○がわ

4 汽○車

（五）つぎの文をよんで、──せんの漢字のよみがなを──せんの右にかきなさい。 (10) 1×10

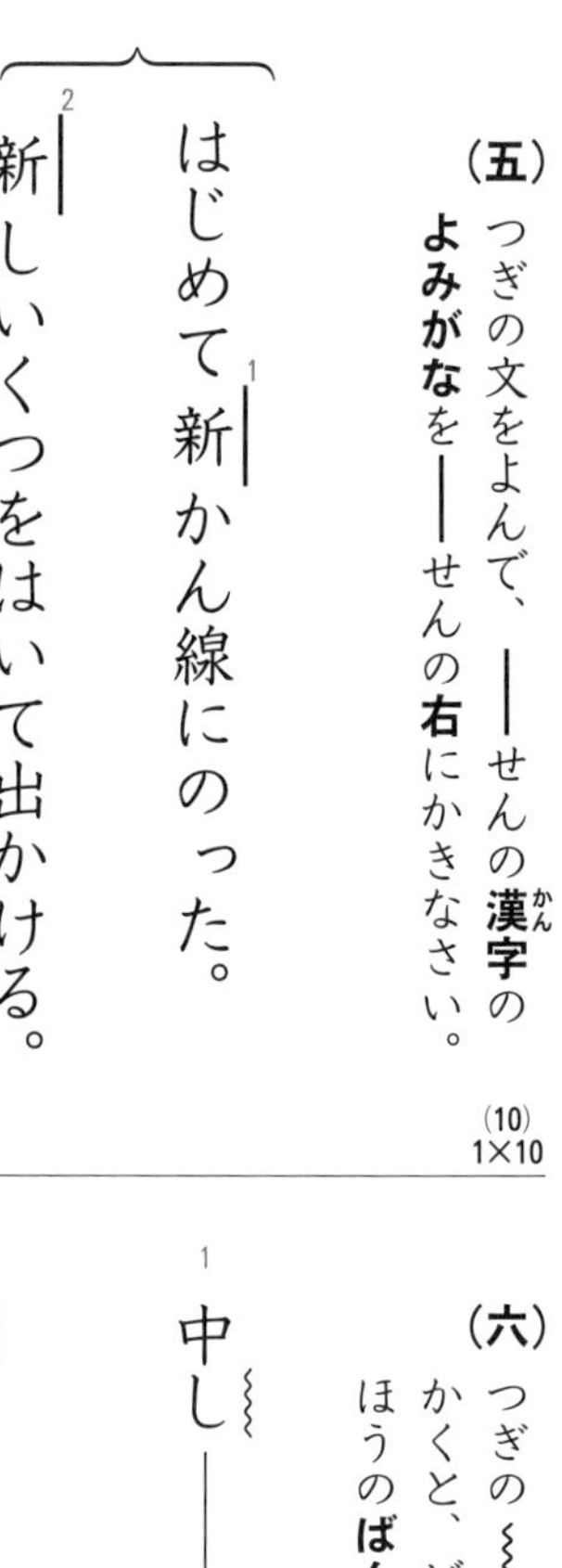
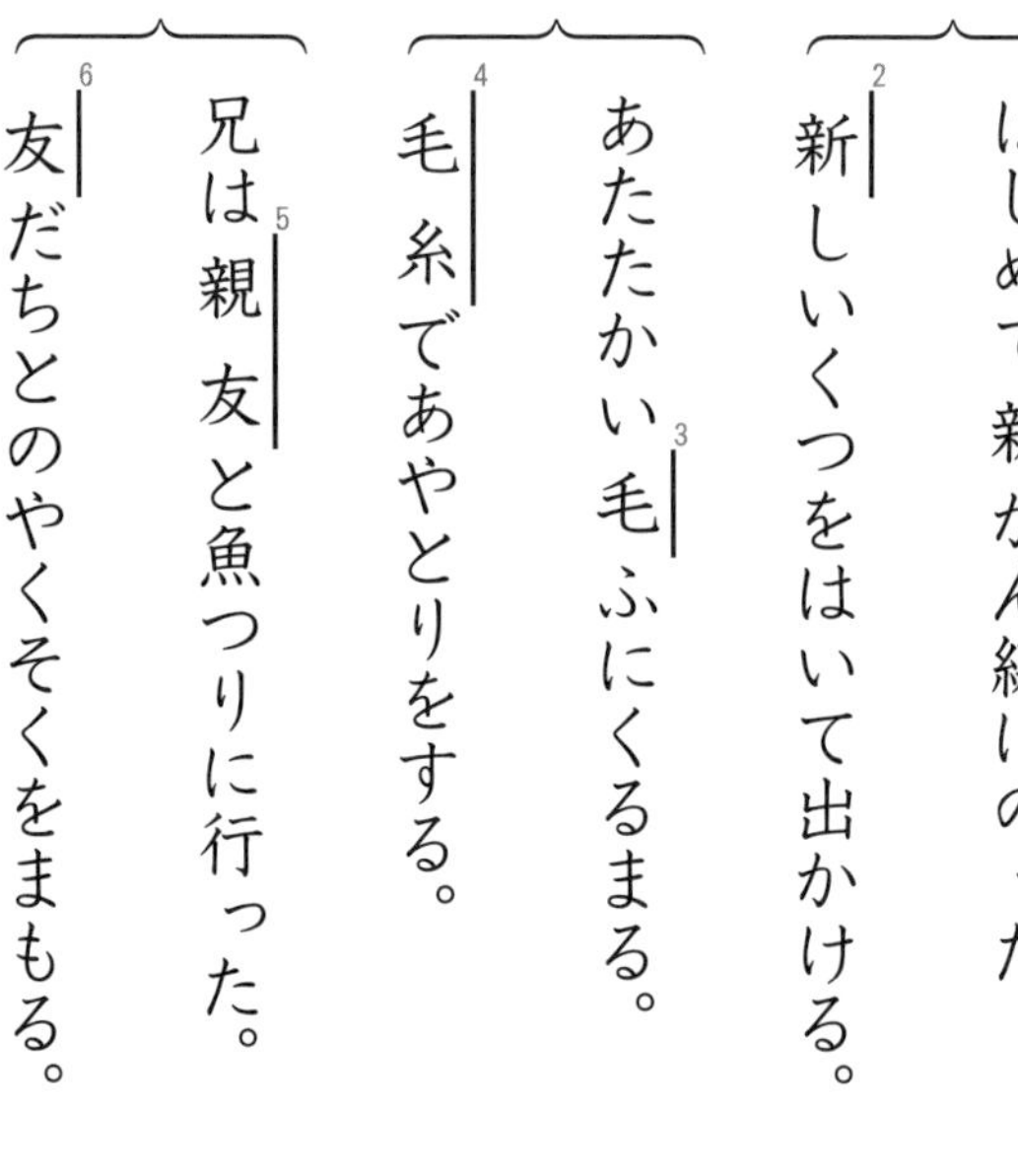

はじめて新(1)かん線にのった。
新(2)しいくつをはいて出かける。

あたたかい毛(3)ふにくるまる。
毛糸(4)であやとりをする。

兄は親友(5)と魚つりに行った。
友(6)だちとのやくそくをまもる。

（六）つぎの〰せんのひらがなを漢字でかくと、どちらが正しいですか。正しいほうのばんごうに○をつけなさい。 (6) 1×6

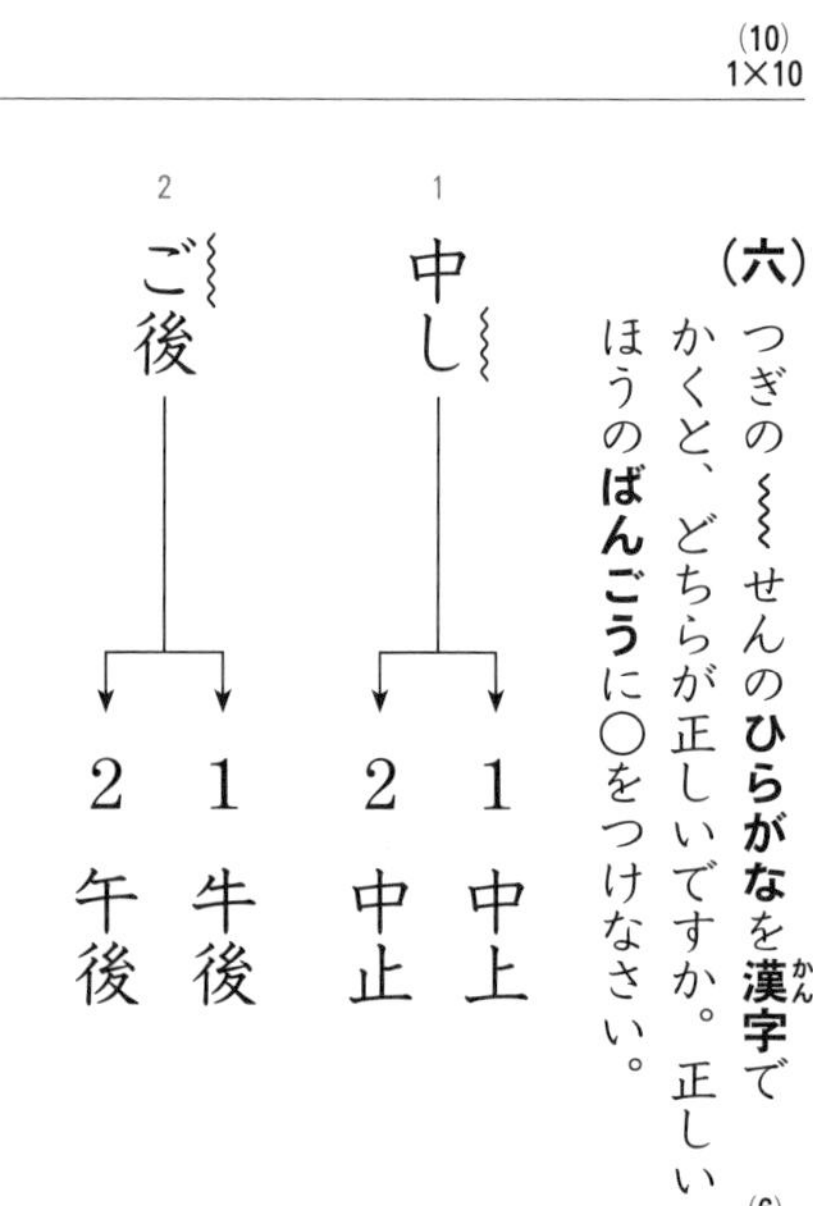

1 中し
1 中上
2 中止

2 ご後
1 牛後
2 午後

3 じ分
1 自分
2 目分

4 どう点
1 同点
2 何点

5 岩せき
1 岩古
2 岩石

6 りょうり
1 りょう理
2 りょう里

おばあさんに7電話をかけた。
みんなで8話し合ってきめる。
9画用紙にクレヨンで絵をかく。
「ももたろう」の10紙しばいを見た。

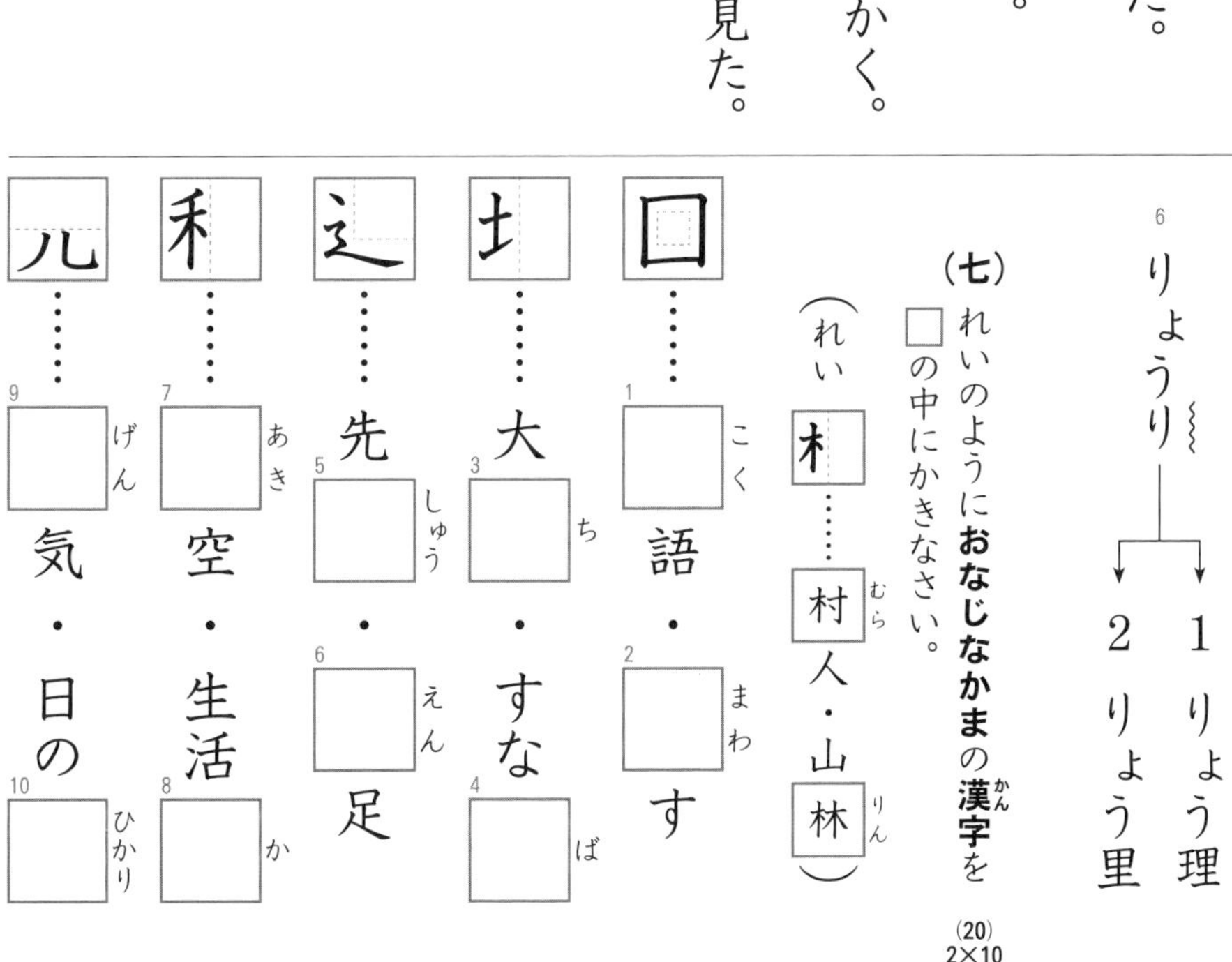

（七）れいのように**おなじなかま**の**漢字**（かん）を□の中にかきなさい。（20）2×10

（れい　木……村（むら）人・山林（りん））

口……1□（こく）語・2□（まわ）す
土……大3□（ち）・すな4□（ば）
辶……先5□（しゅう）・6□（えん）足
禾……7□（あき）空・生活8□（か）
儿……9□（げん）気・日の10□（ひかり）

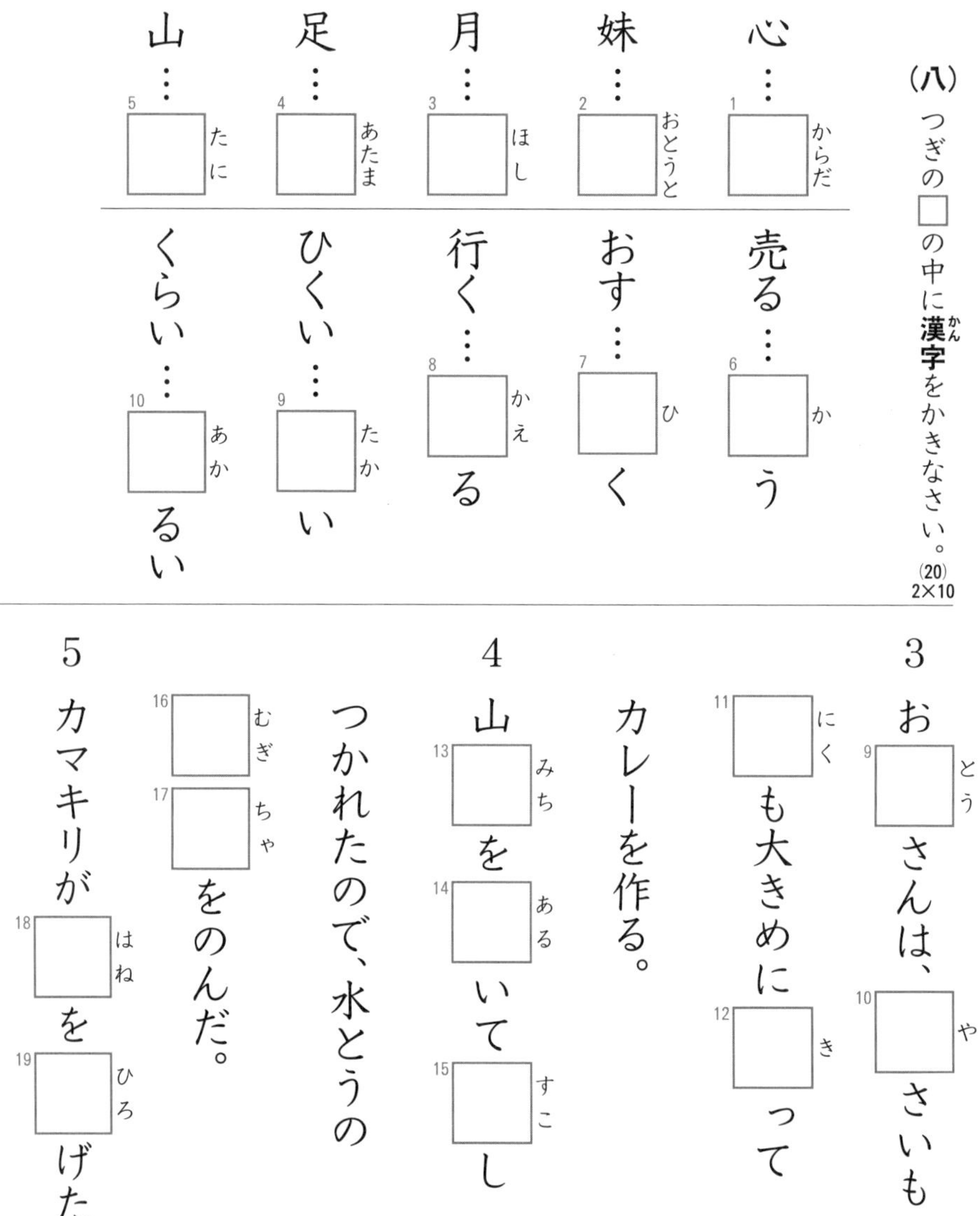

（八） つぎの□の中に漢字（かんじ）をかきなさい。 (20) 2×10

心…1□（からだ）

妹…2□（おとうと）

月…3□（ほし）

足…4□（あたま）

山…5□（たに）

売る…6□（か）う

おす…7□（ひ）く

行く…8□（かえ）る

ひくい…9□（たか）い

くらい…10□（あか）るい

3 お9□（とう）さんは、10□（や）さいも11□（にく）も大きめに12□（き）ってカレーを作る。

4 山13□（みち）を14□（ある）いて15□（すこ）しつかれたので、水とうの16□（むぎ）17□（ちゃ）をのんだ。

5 カマキリが18□（はね）を19□（ひろ）げた

## (九) つぎの文をよんで、□の中に漢字(かん)をかきなさい。 (50) 2×25

1 1□(さん) 2□(すう)の時間に先生が文しょうもんだいを 3□(こく)ばんに 4□(か)いた。

2 見晴らし 5□(だい)にのぼると 6□(き) 7□(いろ)いひまわりばたけのむこうに青い 8□(うみ)が見えた。

ところを見た。

6 20□(かぜ)が 21□(つよ)くなる 22□(まえ)にベランダのうえ木ばちを 23□(いえ)の中に入れた。

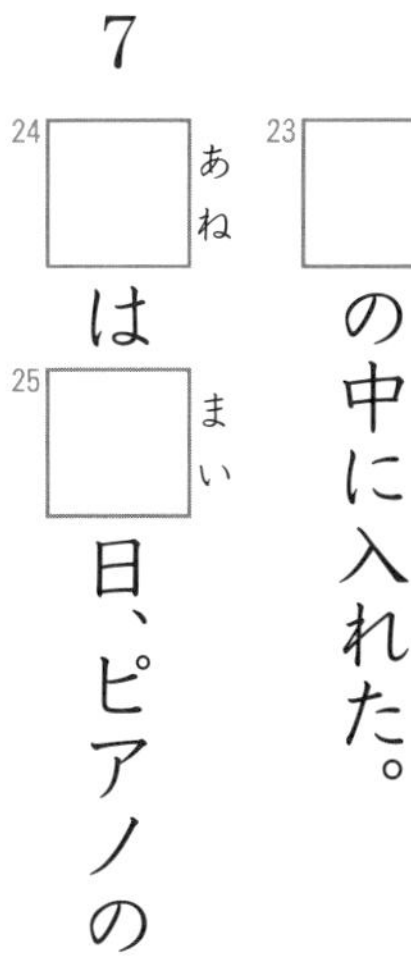

7 24□(あね)は 25□(まい)日、ピアノのれんしゅうをしている。

▼解答(かいとう)(こたえ)は別冊(べっさつ)6～9ページ

# しけんもんだい  （9級）

（一）つぎの文をよんで、――せんの漢字のよみがなを――せんの右にかきなさい。 (22) 1×22

1 学校から帰[1]ってすぐに公園[2]へ
行き、友[3]だちとあそんだ。

2 ヨットが南[4]からの風[5]に
のって、海[6]の上をすすむ。

3 人形[7]のセーターを細[8]い
毛糸[9]であんでもらった。

4 五頭[10]のらくだが一れつに
ならんで、さばくを歩[11]く。

（二）つぎの漢字のふといところはなんばんめにかきますか。○の中にすう字をかきなさい。 (10) 1×10

直…1○　走…2○　画…3○　市…4○　当…5○

来…6○　原…7○　知…8○　弟…9○　雲…10○

（三）□にひらがなを一字かいて、つぎのことばのよみをこたえなさい。 (8) 1×8

（れい　左右……さ[ゆ]う）

小麦……こむ 1□

5　むかし話[12]の本を図[13]書かんで
二さつかりた。

6　えき前[14]のお店[15]で、青い
半[16]そでのシャツを買[17]った。

7　お母[18]さんは、毎朝[19]、
「体[20]にとてもいいのよ。」
と言[21]って、野[22]さいジュースを
つくってくれる。

---

校門……[2]□う[3]□ん

歌声……う[4]□[5]□え

活用……かつ[6]□う

電力……で[7]□りょ[8]□

（四）○のところは、**はねるか、とめるか、**正しいかきかたで○の中にかきなさい。（4）1×4

（れい　字○→字○　下○→下○）

1 よい考○え

2 汽○車

3 手作○り

4 やき肉○

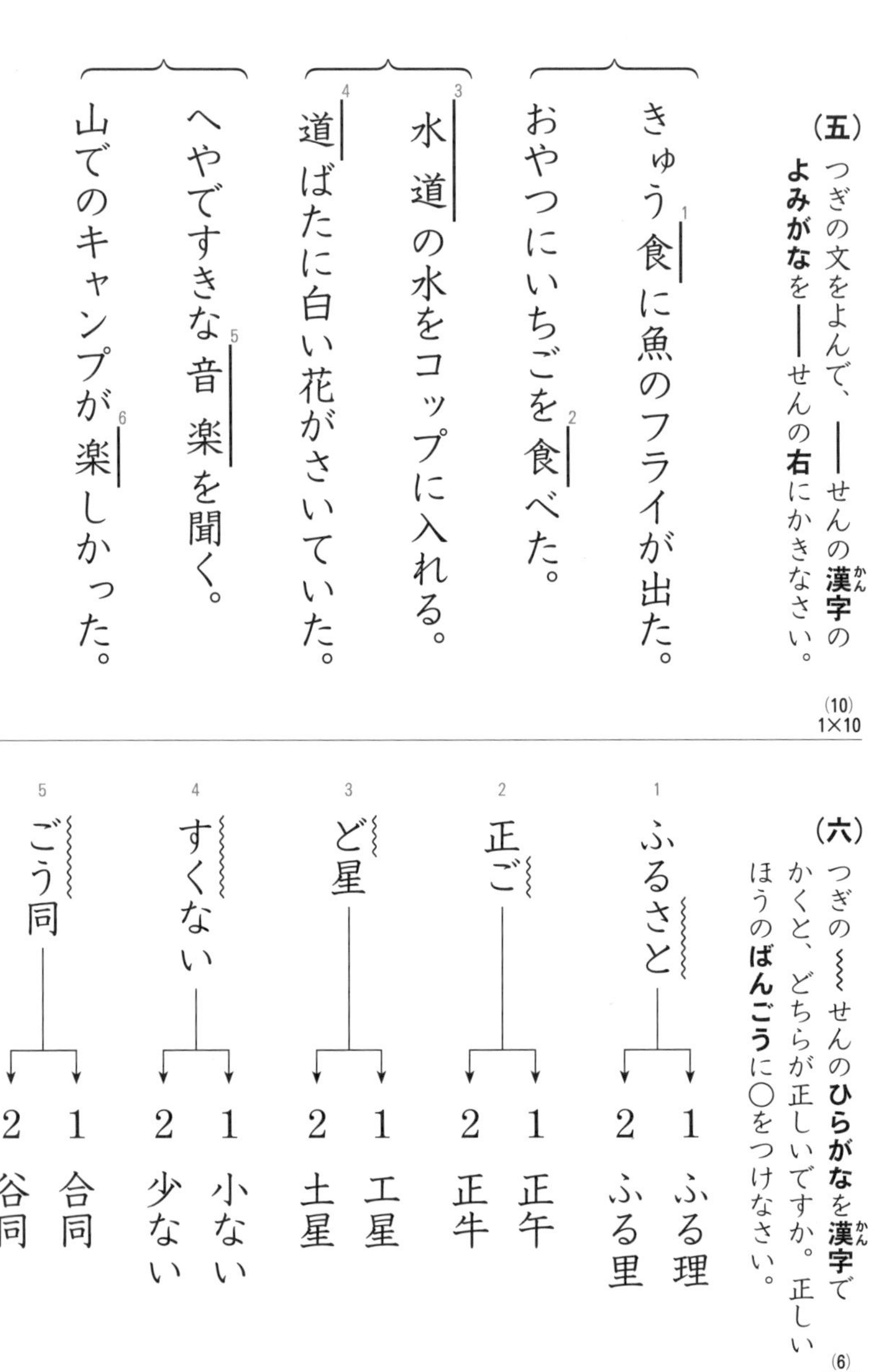

(五) つぎの文をよんで、──せんの**漢字**(かん)のよみがなを──せんの**右**にかきなさい。 (10) 1×10

きゅう食[1]に魚のフライが出た。
おやつにいちごを食[2]べた。

水道[3]の水をコップに入れる。
道[4]ばたに白い花がさいていた。

へやですきな音楽[5]を聞く。
山でのキャンプが楽[6]しかった。

(六) つぎの〰せんの**ひらがな**を**漢字**(かん)でかくと、どちらが正しいですか。正しいほうの**ばんごう**に○をつけなさい。 (6) 1×6

1 ふるさと → 1 ふる理　2 ふる里

2 正ご → 1 正午　2 正牛

3 ど星 → 1 工星　2 土星

4 すくない → 1 小ない　2 少ない

5 ごう同 → 1 合同　2 谷同

7 今週の金曜日に遠足がある。

8 今、ちょうど八時だ。

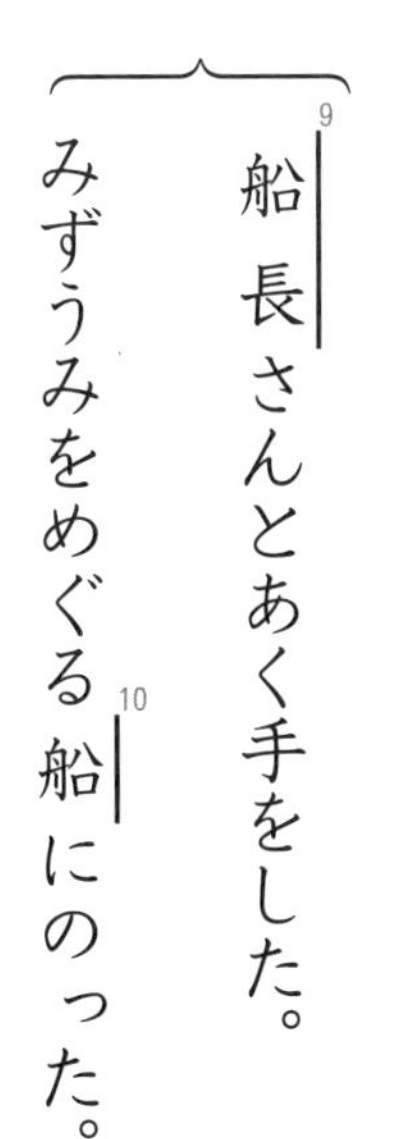

9 船長さんとあく手をした。

みずうみをめぐる 10 船にのった。

6 じゃく点 → 1 強点　2 弱点

## （七）れいのように**おなじなかま**の**漢字**(かん)を□の中にかきなさい。 (20) 2×10

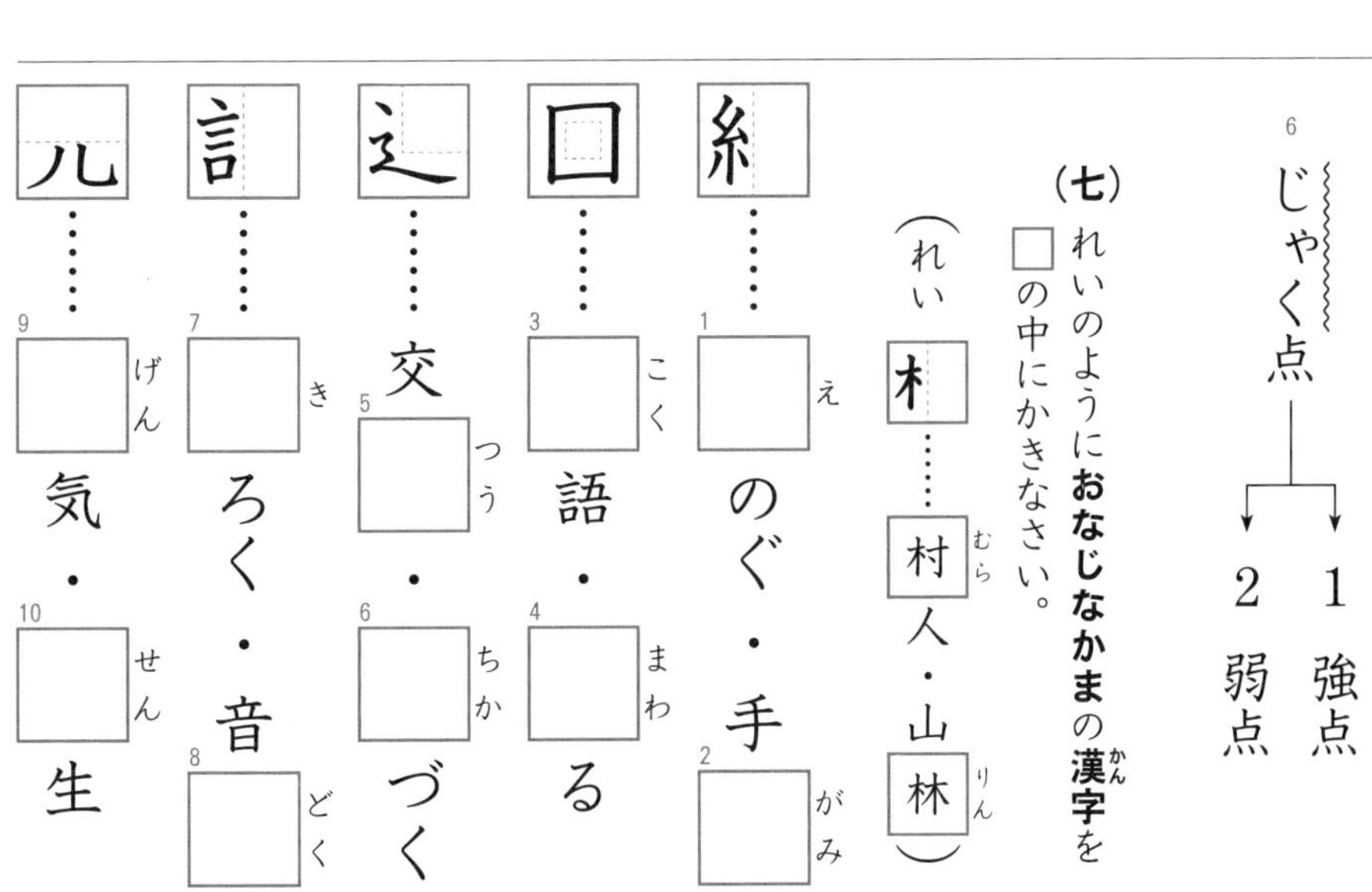

（れい　木……村(むら)人・山林(りん)）

糸……1 □(え)のぐ・手 2 □(がみ)

口……3 □(こく)語・4 □(まわ)る

辶……交 5 □(つう)・6 □(ちか)づく

言……7 □(き)ろく・音 8 □(どく)

儿……9 □(げん)気・10 □(せん)生

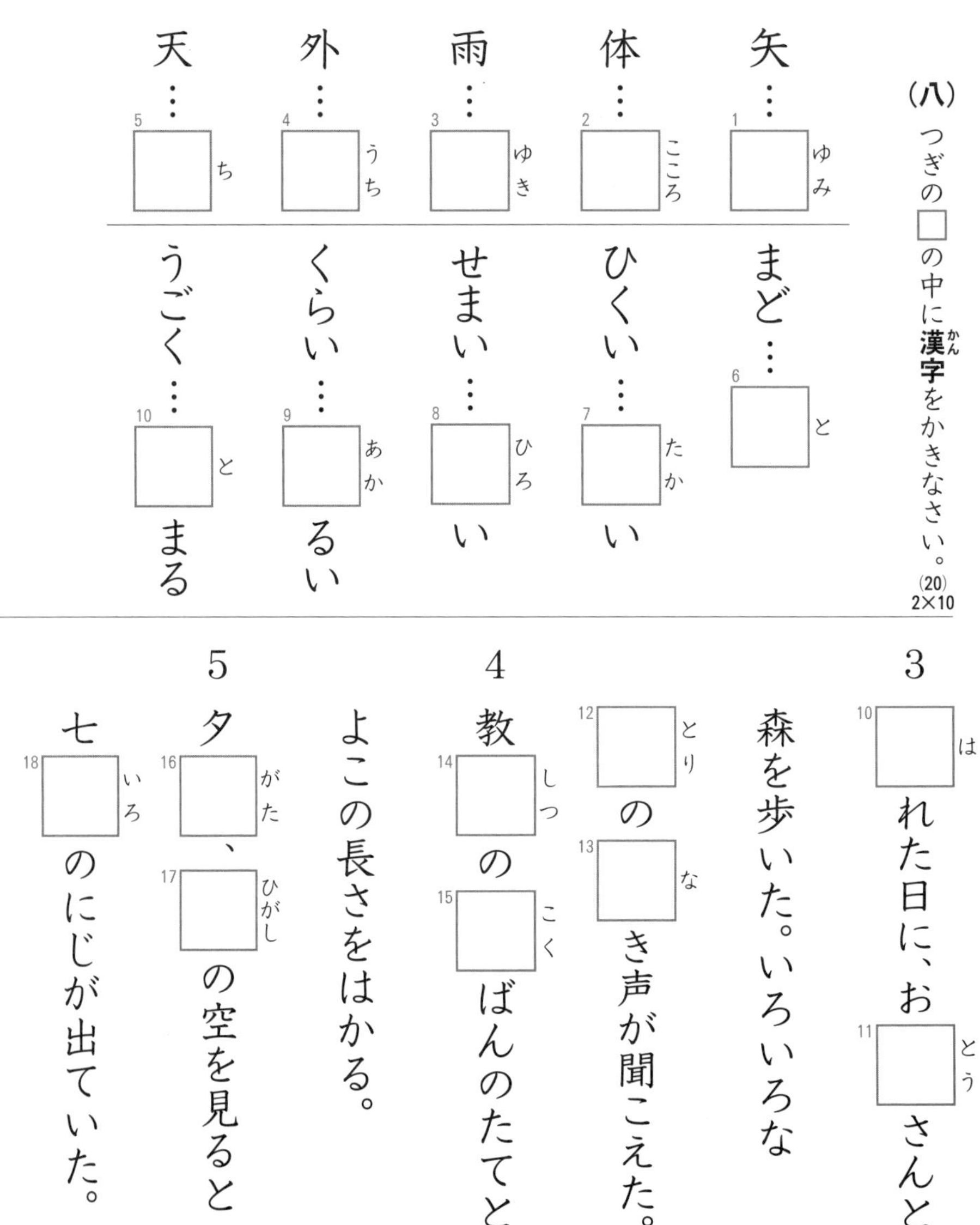

3 10□(は)れた日に、お11□(とう)さんと森を歩いた。いろいろな12□(とり)の13□(な)き声が聞こえた。

4 教14□(しつ)の15□(こく)ばんのたてとよこの長さをはかる。

5 夕16□(がた)、17□(ひがし)の空を見ると七18□(いろ)のにじが出ていた。

(八) つぎの□の中に**漢字**(かんじ)をかきなさい。(20) 2×10

矢…1□(ゆみ)

体…2□(こころ)

雨…3□(ゆき)

外…4□(うち)

天…5□(ち)

まど…6□(と)

ひくい…7□(たか)い

せまい…8□(ひろ)い

くらい…9□(あか)るい

うごく…10□(と)まる

（九） つぎの文をよんで、□の中に漢字(かん)を かきなさい。 (50) 2×25

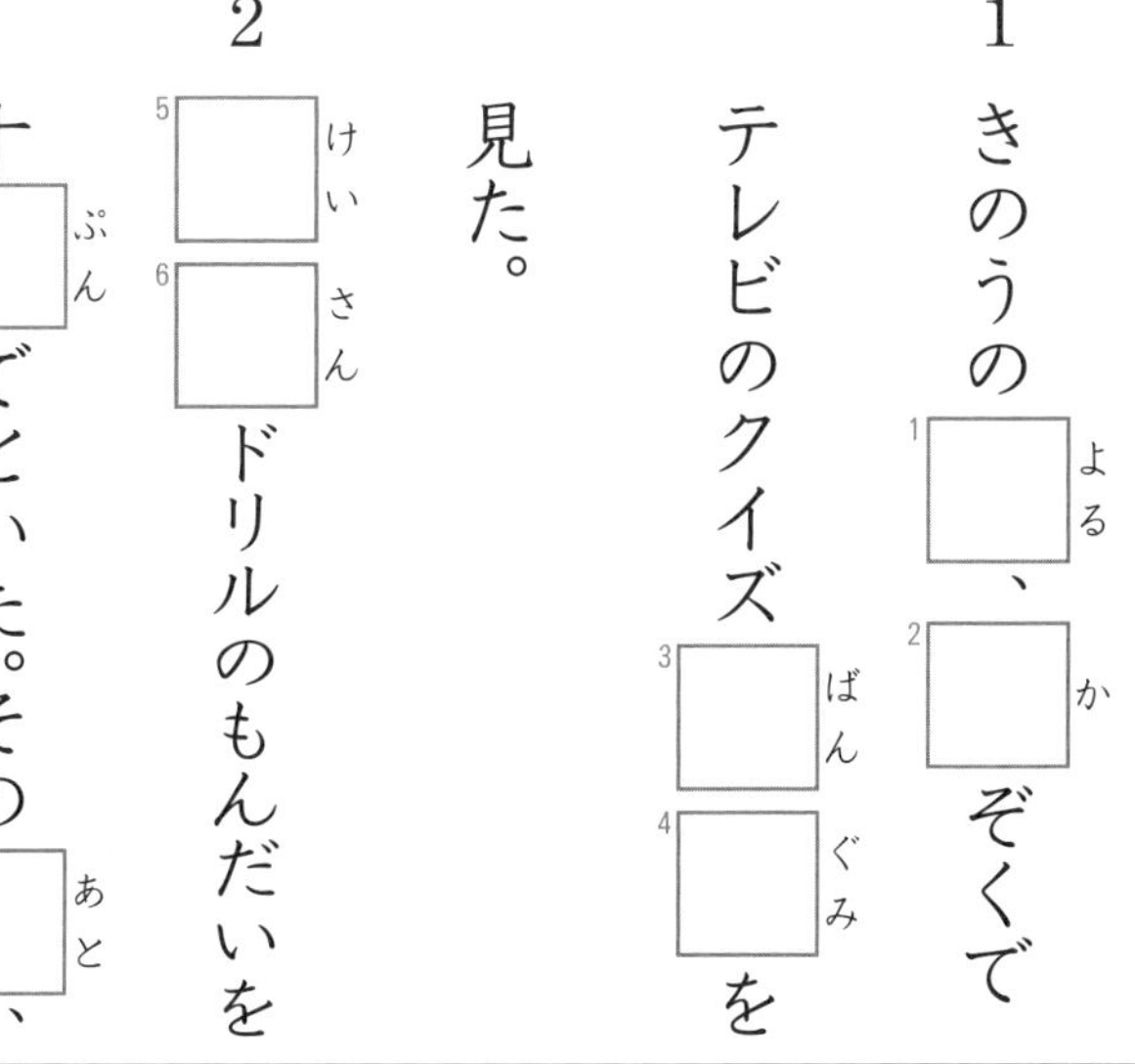

1 きのうの［1 よる］、［2 か］ぞくでテレビのクイズ［3 ばん］［4 ぐみ］を見た。

2 ［5 けい］［6 さん］ドリルのもんだいを十［7 ぷん］でといた。その［8 あと］、［9 こた］え合わせをした。

6 うんどう［19 じょう］に白い［20 せん］を［21 ひ］いて、ドッジボールのコートをつくる。

7 ［22 いけ］のまん中にある［23 いわ］の上に、かめがいる。［24 たい］ようの［25 ひかり］をあびているのかな。

▼解答(かいとう)(こたえ)は別冊(べっさつ)10～13ページ

# しけんもんだい  （）

（一）つぎの文をよんで、――せんの**漢字**（かん）のよみがなを――せんの**右**にかきなさい。

(22) 1×22

1 明日の遠足[1]のもちものを先生が黒[2]ばんに書[3]いた。

2 わたしのへやは南[4]むきで日がよく当[5]たる。

3 お兄[6]さんが作[7]ってくれた紙[8]ひこうきは、風[9]にのって遠くまでとんだ。

4 友[10]だちと公園[11]であそんで

（二）つぎの**漢字**（かん）の**ふとい**ところは**なんばんめ**にかきますか。○の中に**すう字**をかきなさい。

(10) 1×10

形……1 ○
門……2 ○
丸……3 ○
戸……4 ○
遠……5 ○
冬……6 ○
東……7 ○
鳥……8 ○
牛……9 ○
記……10 ○

（三）□に**ひらがな**を**一字**かいて、つぎの**ことば**の**よみ**をこたえなさい。

(8) 1×8

（れい　左右……さ［ゆ］う）

来年……ら 1□ 2□ ん

家に帰る[12]と、お母[13]さんが

夕[14]食のしたくをしていた。

5 学校にもっていくお茶[15]を

自[16]分で水とうに入れる。

6 体[17]いくの時間[18]にマットの

上で前[19]まわりをした。

7 船[20]のもけいをお父[21]さんと

いっしょに組[22]み立てた。

---

店内……[3]□んな[4]□

金色……きんい[5]□

正門……[6]□い[7]□ん

夜道……[8]□みち

**(四)** ○のところは、**はねるか、とめるか、**正しいかきかたで○の中にかきなさい。 (4) 1×4

(れい 字○→字○ 下○→下○)

1 引○っこし

2 汽○車

3 外○がわ

4 鳥の羽○

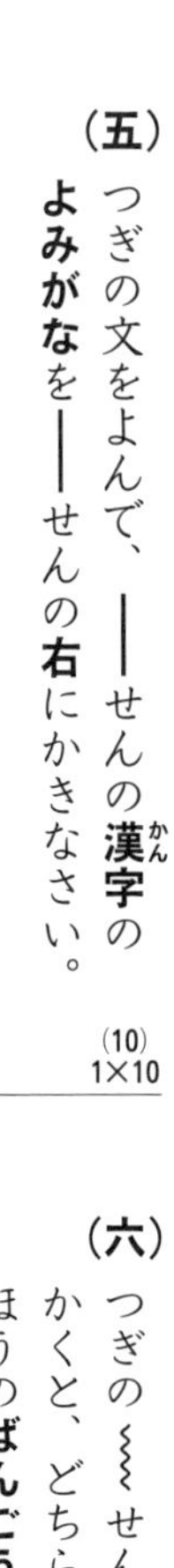

**(五)** つぎの文をよんで、——せんの**漢字**(かん)のよみがなを——せんの**右**にかきなさい。 (10) 1×10

1. 校長先生にろう下で出会った。
2. かみの毛を長くのばす。
3. パンと野さいサラダを食べた。
4. 野はらに白い花がさいている。
5. 五十メートル走で一番だった。
6. おにごっこをして走り回る。

---

**(六)** つぎの〰せんの**ひらがな**を**漢字**(かん)でかくと、どちらが正しいですか。正しいほうの**ばんごう**に○をつけなさい。 (6) 1×6

1. 百まん → 1 百方　2 百万
2. おや子 → 1 親子　2 新子
3. ちからもち → 1 力もち　2 刀もち
4. 天さい → 1 天下　2 天才
5. ごう同 → 1 谷同　2 合同

雨で山のぼりが⁷中止になった。
赤しんごうで車が⁸止まる。
⁹火星にも土や岩があるそうだ。
ベランダから¹⁰星をながめる。

⁶もちいる
1 角いる
2 用いる

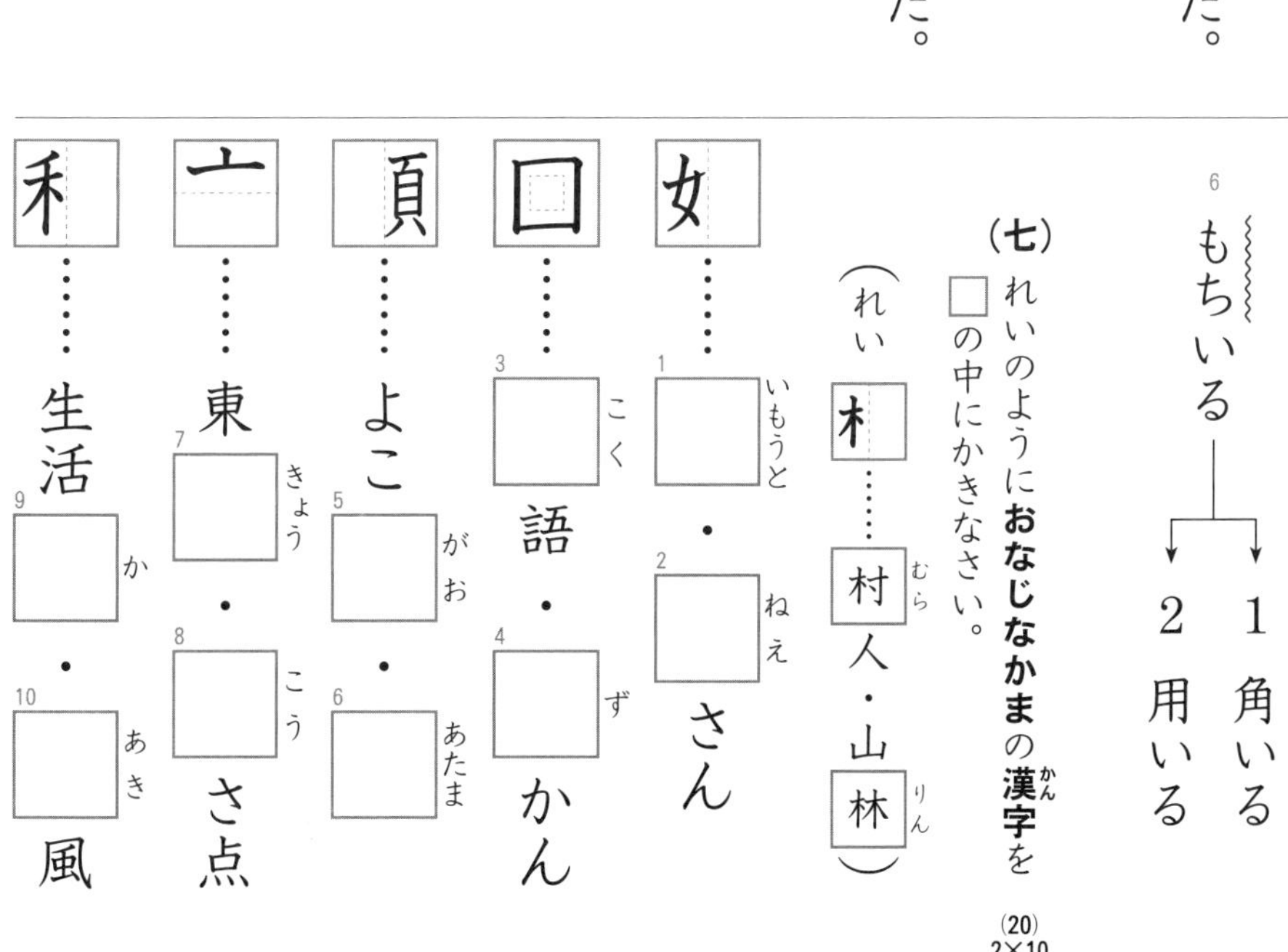

（七）れいのようにおなじなかまの漢字を□の中にかきなさい。（20）2×10

（れい　木……村（むら）人・山林（りん））

女……1□（いもうと）・2□（ねえ）さん
口……3□（こく）語・4□（ず）かん
頁……よこ5□（がお）・6□（あたま）
亠……東7□（きょう）・8□（こう）さ点
禾……生活9□（か）・10□（あき）風

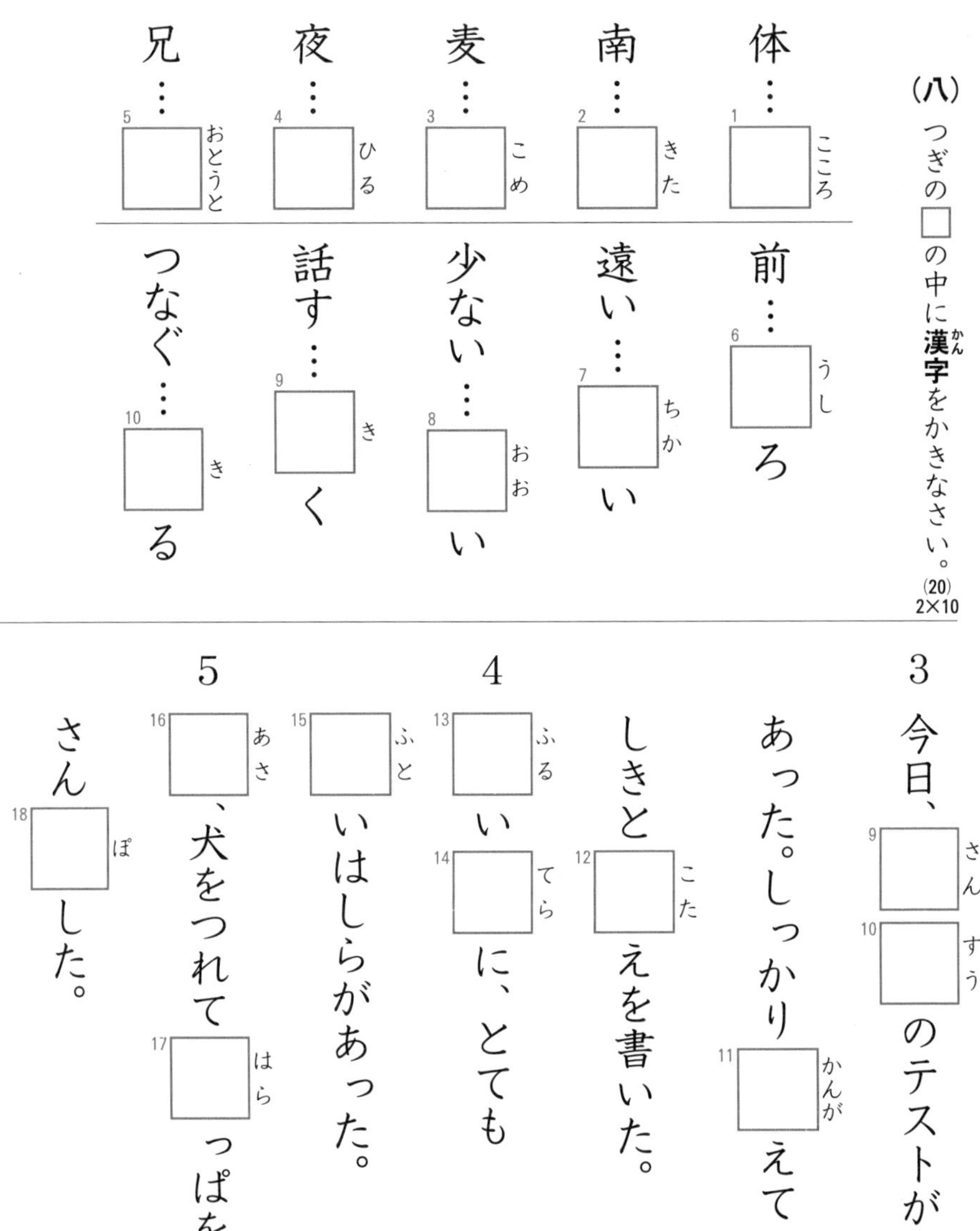

**(八)** つぎの□の中に漢字（かんじ）をかきなさい。 (20) 2×10

体…［1］□（こころ）

南…［2］□（きた）

麦…［3］□（こめ）

夜…［4］□（ひる）

兄…［5］□（おとうと）

前…［6］□（うし）ろ

遠い…［7］□（ちか）い

少ない…［8］□（おお）い

話す…［9］□（き）く

つなぐ…［10］□（き）る

3 今日、［9］□（さん）［10］□（すう）のテストがあった。しっかり［11］□（かんが）えてしきと［12］□（こた）えを書いた。

4 ［13］□（ふる）い［14］□（てら）に、とても［15］□（ふと）いはしらがあった。

5 ［16］□（あさ）、犬をつれて［17］□（はら）っぱをさん［18］□（ぽ）した。

4

**(九)** つぎの文をよんで、□の中に**漢字**(かん)をかきなさい。 (50) 2×25

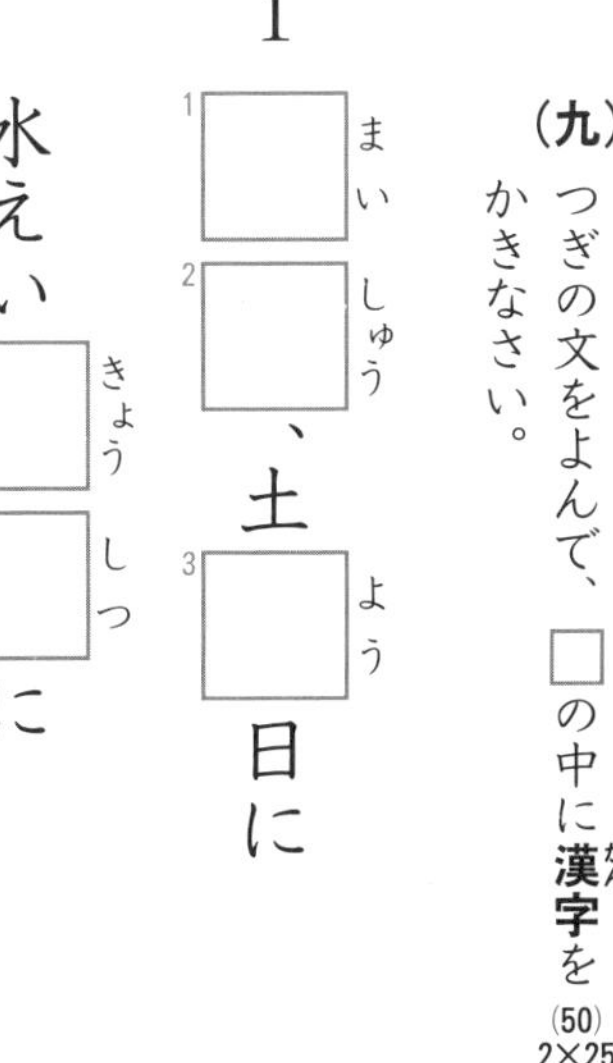

1 [1 □(まい)][2 □(しゅう)]、土[3 □(よう)]日に水えい[4 □(きょう)][5 □(しつ)]に通っている。

2 半年前に[6 □(か)]ってもらった金[7 □(ぎょ)]は、今も水そうで[8 □(げん)]気におよいでいる。

6 えき前のスーパーはパンの[19 □(う)]り[20 □(ば)]が[21 □(ひろ)]くなった。

7 [22 □(なつ)]休みになったら家ぞくで[23 □(うみ)]に[24 □(い)]く[25 □(けい)]画がある。

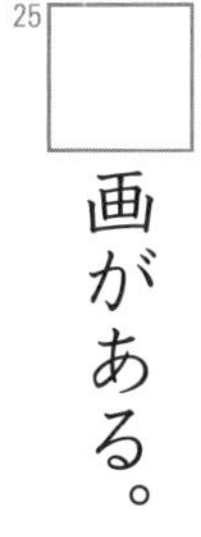

▼解答(かいとう)(こたえ)は別冊(べっさつ)14～17ページ

（一）つぎの文をよんで、――せんの**漢字**（かん）の**よみがな**を――せんの**右**にかきなさい。 (22) 1×22

1 夕方になると公園[1]の木に数[2]え切れないほど多[3]くの鳥[4]があつまってくる。

2 国語の教科書[5]の文しょうを声[6]に出して読[7]む。

3 計算[8]もんだいの正しい答[9]えを見て、どこでまちがったのかを考[10]えた。

（二）つぎの**漢字**（かん）の**ふとい**ところは**なんばんめ**にかきますか。○の中に**すう字**をかきなさい。 (10) 1×10

寺……1 ○
妹……2 ○
丸……3 ○
帰……4 ○
算……5 ○

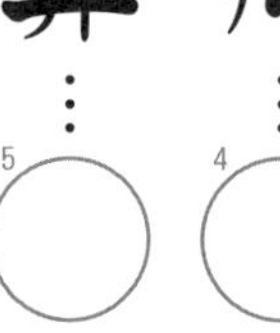

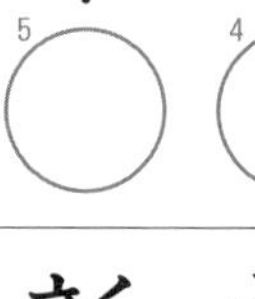

公……6 ○
秋……7 ○
直……8 ○
記……9 ○
新……10 ○

（三）□に**ひらがな**を**一字**かいて、つぎの**ことば**の**よみ**をこたえなさい。 (8) 1×8

（れい　左右……さ[ゆ]う）

北国……き 1□ ぐ 2□

4 晴[11]れた日に池[12]のまわりをさん歩[13]した。池の水には、白い雲[14]がうつっていた。

5 遠[15]くの町に引[16]っこしていった友[17]だちに手紙[18]を出した。

6 学校で新[19]しくならった歌[20]はお母[21]さんもよく知[22]っている歌だった。

---

市場……[3]ちば

早朝……そう[4]よ[5]

夜空……[6]ぞら

音楽会…おん[7]くか[8]

**(四)** ○のところは、**はねるか、とめるか、**正しいかきかたで○の中にかきなさい。 (4) 1×4

(れい 字○→字○ 下○→下○)

1 家○の中

2 外○がわ

3 三角○

4 中心○

5

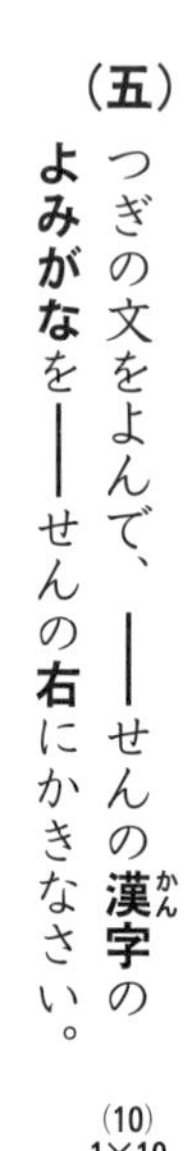
**（五）** つぎの文をよんで、――せんの**漢字**(かん)の**よみがな**を――せんの**右**にかきなさい。

(10) 1×10

ランドセルを[1]大切につかう。

ふろ上がりに足のつめを[2]切る。

五十メートルきょう[3]走に出る。

ゴールにむかって[4]走った。

ホームランで[5]同点になった。

[6]同じクラスの友だちとあそぶ。

---

**（六）** つぎの〰せんの**ひらがな**を**漢字**(かん)でかくと、どちらが正しいですか。正しいほうの**ばんごう**に〇をつけなさい。

(6) 1×6

1 くびかざり
- 1 自かざり
- 2 首かざり

2 牛にく
- 1 牛内
- 2 牛肉

3 ど曜日
- 1 土曜日
- 2 工曜日

4 はんそで
- 1 来そで
- 2 半そで

5 こう通
- 1 交通
- 2 文通

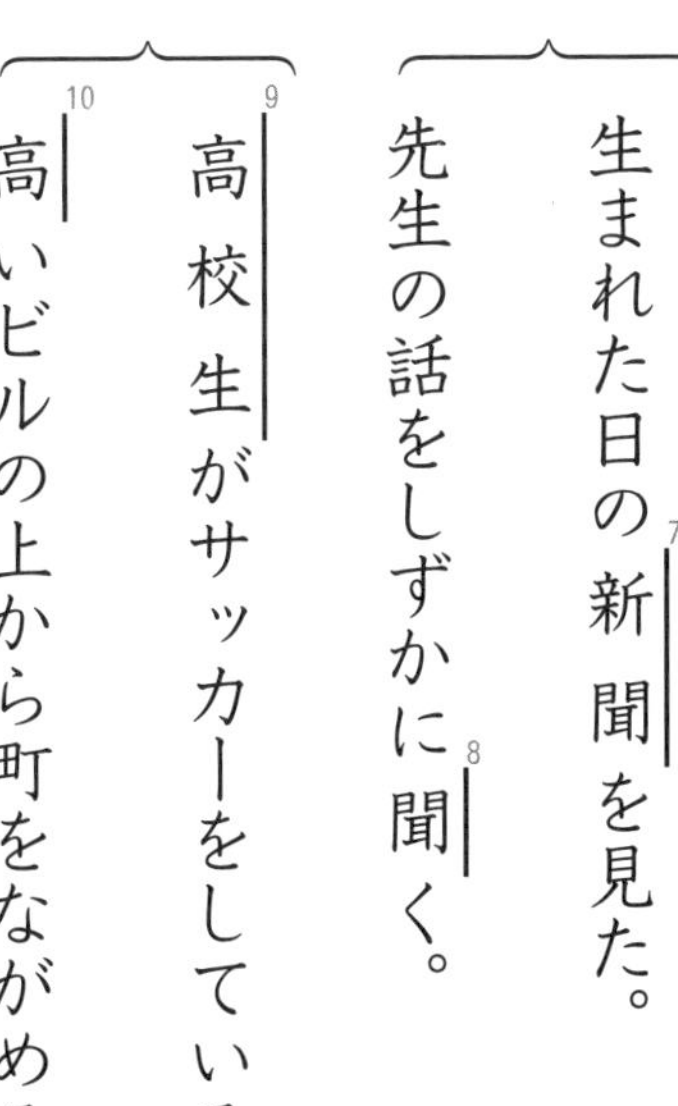

生まれた日の 7 新聞を見た。

先生の話をしずかに 8 聞く。

9 高校生がサッカーをしている。

10 高いビルの上から町をながめる。

6 一番ぼし
1 一番里
2 一番星

（七）れいのようにおなじなかまの漢字を□の中にかきなさい。 (20) 2×10

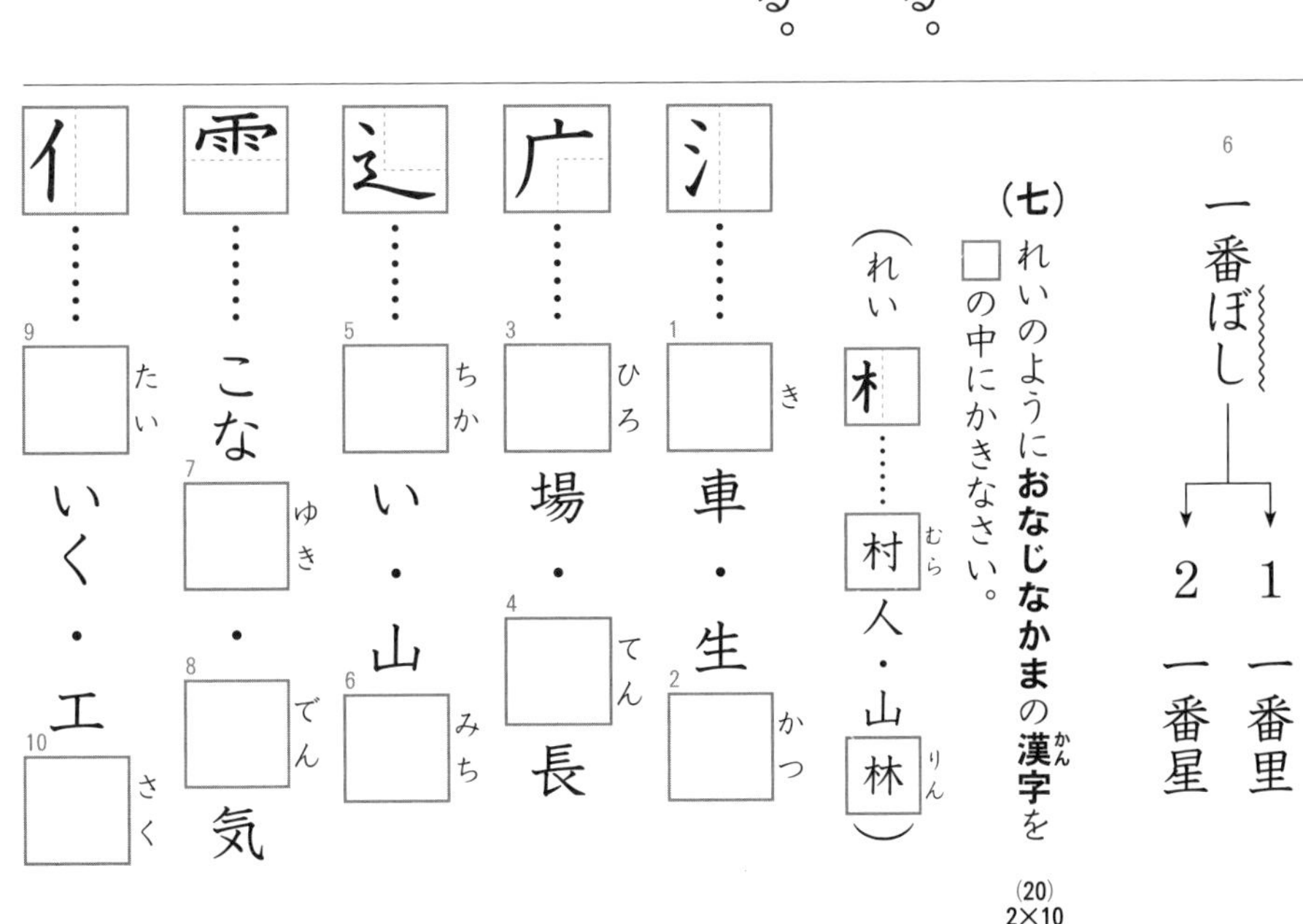

（れい　木……村（むら）人・山林（りん)）

氵……1 □（き）車・生 2 □（かつ）

广……3 □（ひろ）場・4 □（てん）長

⻌……5 □（ちか）い・山 6 □（みち）

⻗……こな 7 □（ゆき）・8 □（でん）気

亻……9 □（たい）いく・工 10 □（さく）

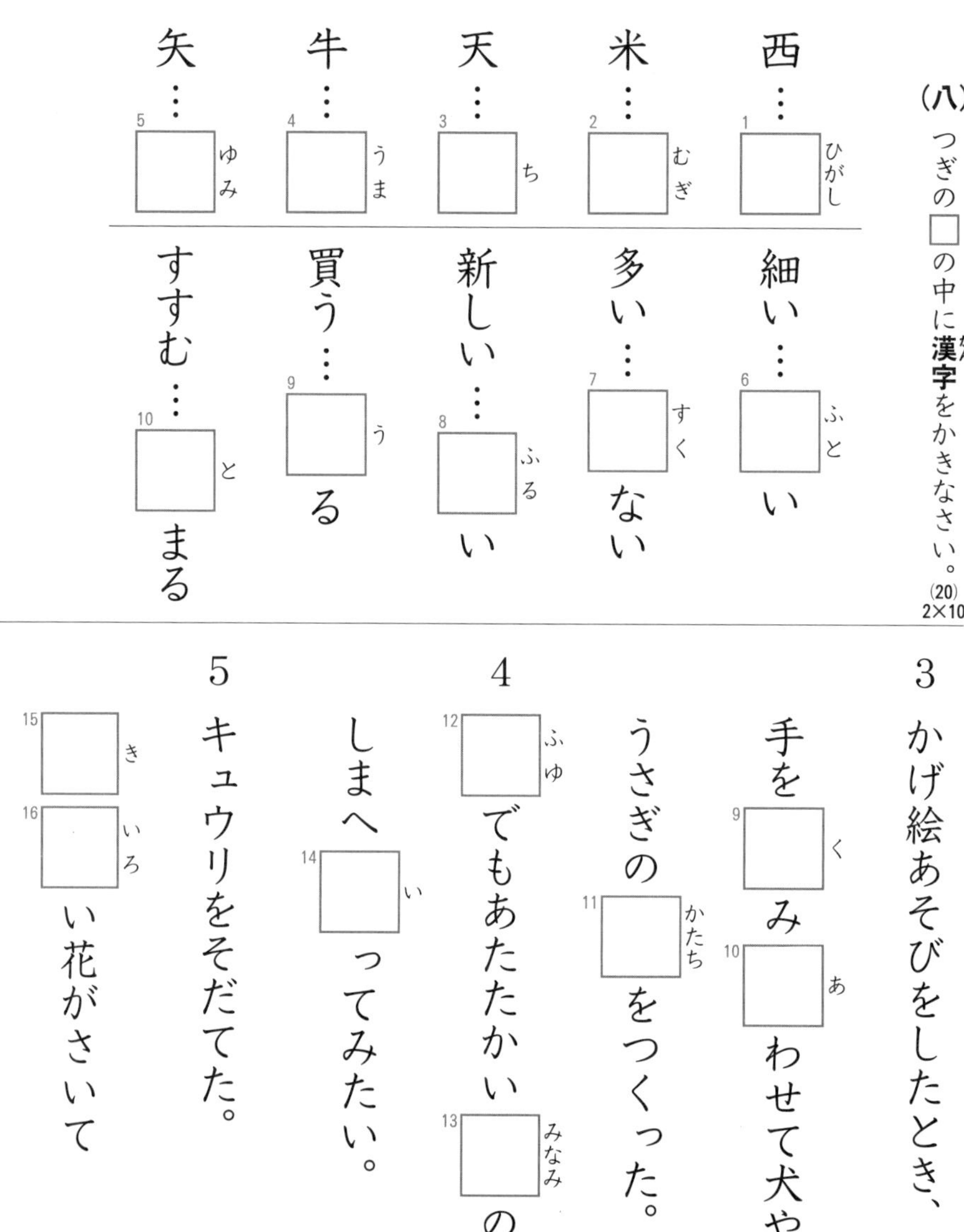

## (八) つぎの□の中に漢字（かん）をかきなさい。 2×10 (20)

西…1 □（ひがし）

米…2 □（むぎ）

天…3 □（ち）

牛…4 □（うま）

矢…5 □（ゆみ）

細い…6 □（ふと）い

多い…7 □（すく）ない

新しい…8 □（ふる）い

買う…9 □（う）る

すすむ…10 □（と）まる

3 かげ絵あそびをしたとき、手を9 □（く）み10 □（あ）わせて犬やうさぎの11 □（かたち）をつくった。

4 12 □（ふゆ）でもあたたかい13 □（みなみ）のしまへ14 □（い）ってみたい。

5 キュウリをそだてた。15 □（き）16 □（いろ）い花がさいて

（九）つぎの文をよんで、□の中に漢字（かん）をかきなさい。　(50) 2×25

1　1□（まい）日、夕2□（しょく）の3□（あと）に4□（あに）といっしょに漢字（かん）のれんしゅうをする。

2　5□（の）6□（はら）でつかまえたこおろぎが、7□（はね）をふるわせて8□（な）いている。



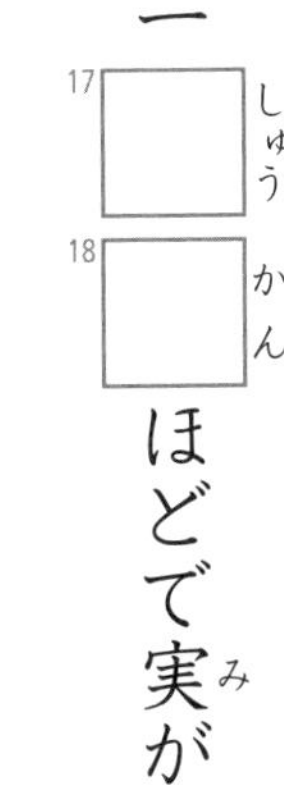
一17□（しゅう）18□（かん）ほどで実（み）が大きくなった。

6　19□（あね）が20□（だい）どころでこう21□（ちゃ）をいれている。

7　22□（ひる）休みに23□（と）書24□（しつ）で25□（さかな）のずかんを見た。

▼解答（かいとう）（こたえ）は別冊（べっさつ）18～21ページ

# しけんもんだい  （9級）

（一） つぎの文をよんで、――せんの**漢字**のよみがなを――せんの**右**にかきなさい。

（22）1×22

1 父のふる里[1]のおばあさんから電話[2]があった。もうすぐ秋[3]まつりがあるそうだ。

2 からすの鳴[4]き声が聞[5]こえた。まどの外[6]を見ると、近[7]くの家[8]のやねにとまっていた。

3 雨がやんで雲[9]と雲の間から太[10]ようの光[11]がさしてきた。

（二） つぎの**漢字**の**ふとい**ところは**なんばんめ**にかきますか。〇の中に**すう字**をかきなさい。

（10）1×10

毛…1〇　毎…2〇　黒…3〇　米…4〇　雪…5〇

考…6〇　親…7〇　丸…8〇　家…9〇　色…10〇

（三） □に**ひらがな**を**一字**かいて、つぎの**ことば**の**よみ**をこたえなさい。

（8）1×8

（れい　左右……さ[ゆ]う）

東西……と 1□ ざ 2□

4 [12]生活科の時間に[13]自分たちの町について学しゅうした。えきや[14]図書かん、[15]知っている[16]店のことをみんなで話し[17]合った。

5 母が[18]野さいを[19]細かく切ってりょう[20]理をしている。

6 [21]夏休みの家ぞくりょこうのことを[22]日記に書いた。

---

直線……ちょ[3]□せ[4]□

風通し…[5]□ぜとおし

白鳥……はく[6]□ょう

高学年…[7]□うがく[8]□ん

**(四)** ○のところは、**はねるか、とめるか、**正しいかきかたで○の中にかきなさい。 (4) 1×4

（れい　字○→字○　下○→下○）

1 市○やくしょ

2 作○文

3 同○じ

4 思○い出

**（五）** つぎの文をよんで、——せんの**漢字**のよみがなを——せんの**右**にかきなさい。 (10) 1×10

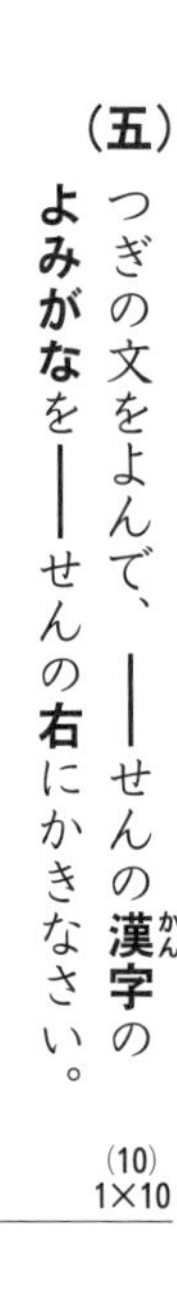

家ぞくで[1]海水よくに出かける。

山の上から[2]海をながめる。

[3]国語のしゅくだいをすませた。

いろいろな[4]国の切手を見た。

[5]元気よくあいさつする。

つかったはさみを[6]元にもどす。

---

**（六）** つぎの〰せんの**ひらがな**を**漢字**でかくと、どちらが正しいですか。正しいほうの**ばんごう**に○をつけなさい。 (6) 1×6

1 方がく
- 1 方角
- 2 方用

2 校ない
- 1 校肉
- 2 校内

3 友じん
- 1 友入
- 2 友人

4 子うし
- 1 子午
- 2 子牛

5 図こう
- 1 図工
- 2 図土

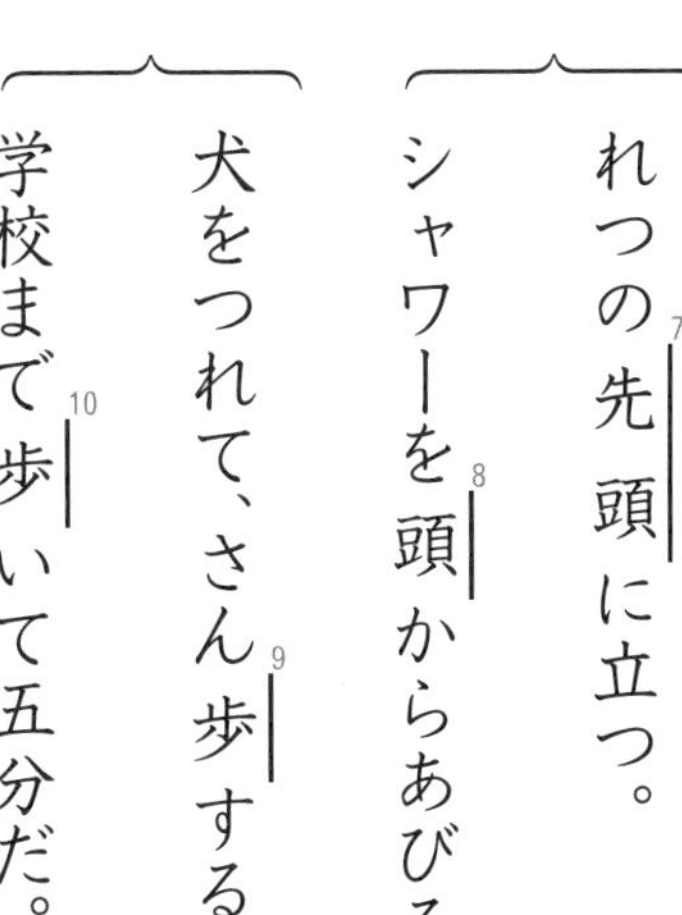

れつの先頭に立つ。(7 先)

シャワーを頭からあびる。(8 頭)

犬をつれて、さんぽする。(9 歩)

学校まで歩いて五分だ。(10 歩)

6 百まん円 — 1 百刀円 2 百万円

（七）□の中にれいのように**おなじなかま**の**漢字**を かきなさい。 (20) 2×10

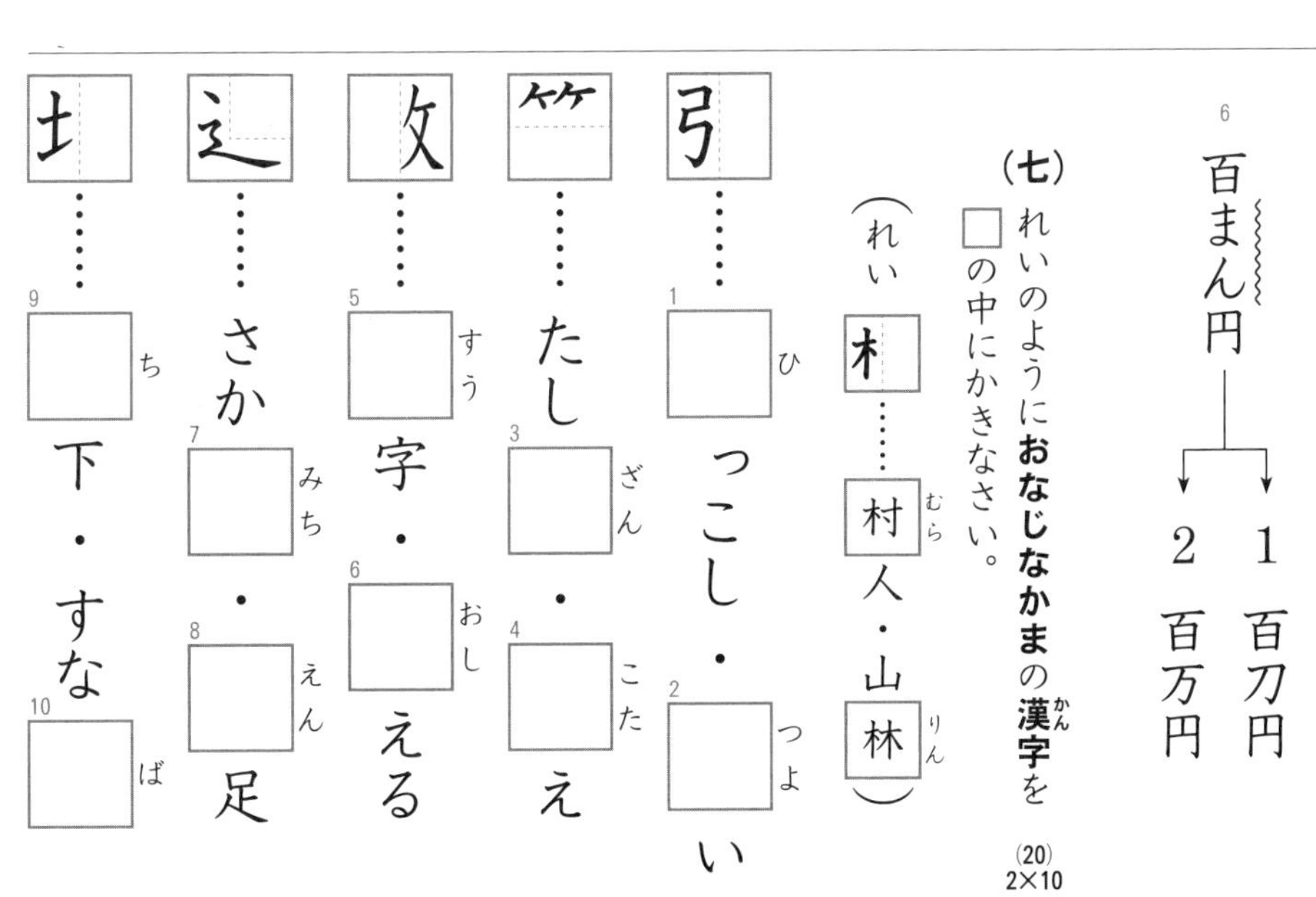

（れい　木……村人・山林）

弓……1 □(ひ)っこし・2 □(つよ)い

⺮……たし 3 □(ざん)・4 □(こた)え

文……5 □(すう)字・6 □(おし)える

辶……さか 7 □(みち)・8 □(えん)足

土……9 □(ち)下・すな 10 □(ば)

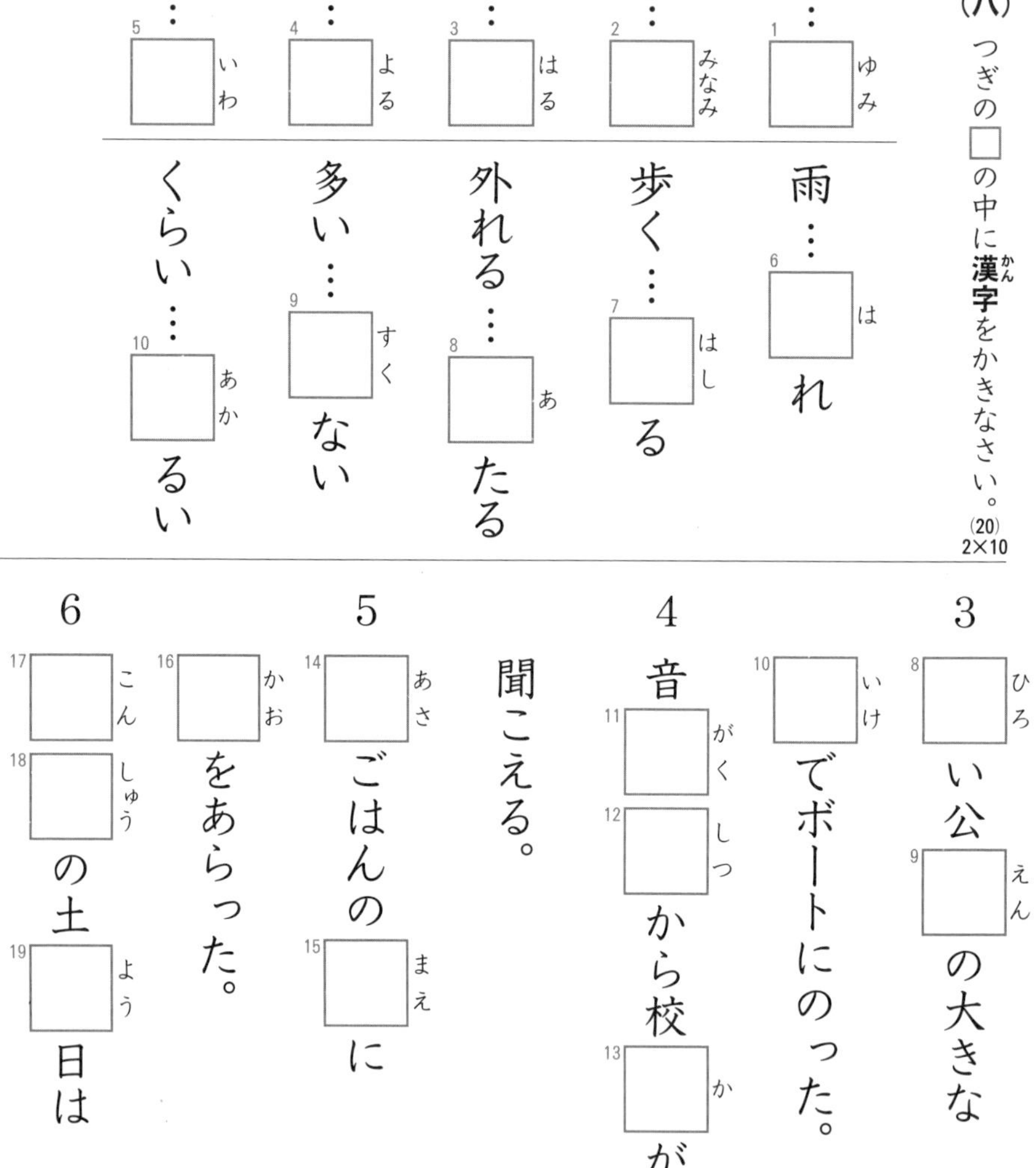

(八) つぎの□の中に漢字(かんじ)をかきなさい。 (20) 2×10

矢…1□(ゆみ)

北…2□(みなみ)

秋…3□(はる)

昼…4□(よる)

石…5□(いわ)

雨…6□(は)れ

歩く…7□(はし)る

外れる…8□(あ)たる

多い…9□(すく)ない

くらい…10□(あか)るい

3 8□(ひろ)い公9□(えん)の大きな
10□(いけ)でボートにのった。

4 音
11□(がく)12□(しつ)から校13□(か)が
聞こえる。

5 14□(あさ)ごはんの15□(まえ)に
16□(かお)をあらった。

6 17□(こん)18□(しゅう)の土19□(よう)日は

（九）つぎの文をよんで、□の中に漢字（かん）をかきなさい。 (50) 2×25

1 □1（いもうと）といっしょに□2（え）本を□3（よ）んだり、人□4（ぎょう）であそんだりした。

2 □5（た）べおわった□6（ちゃ）わんやさらを□7（だい）どころにもっていく。

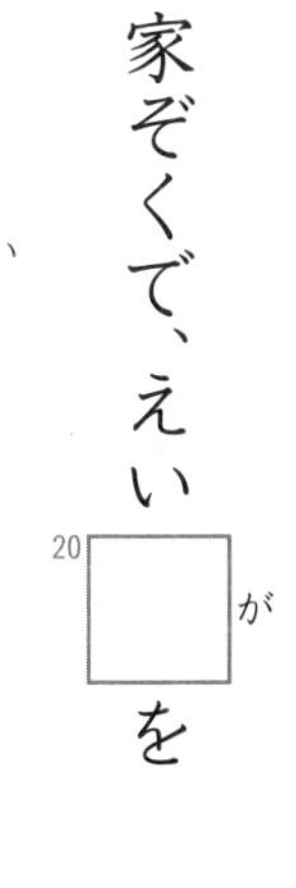

家ぞくで、えい□20（が）を見に□21（い）く。

7 □22（あたら）しくならった漢字（かん）を□23（なん）回も書いておぼえる。

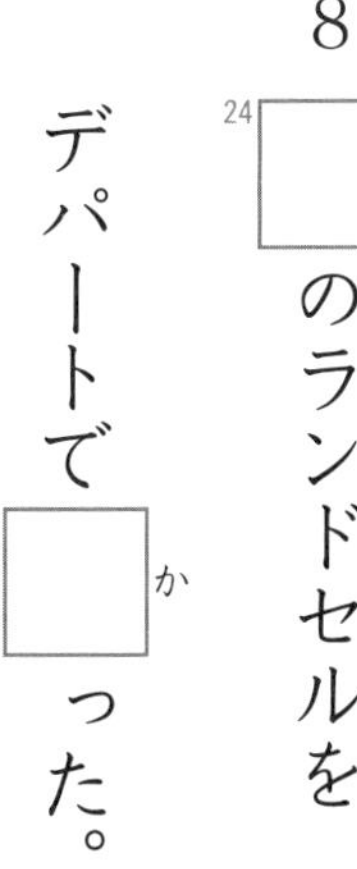

8 □24（おとうと）のランドセルをデパートで□25（か）った。

▼解答（かいとう）（こたえ）は別冊（べっさつ）22〜25ページ

# しけんもんだい  （9級）

（一）つぎの文をよんで、――せんの**漢字**のよみがなを――せんの**右**にかきなさい。 (22) 1×22

1 朝[1]からよく晴[2]れていて、空に雲[3]が一つもない。

2 きのう、生活科の学しゅうで学校の近[4]くのパンやさんに行[5]った。お店[6]の人に話[7]を聞[8]かせてもらった。

3 ダチョウは馬[9]よりはやく走[10]ることができると、

（二）つぎの**漢字**の**ふとい**ところは**なんばんめ**にかきますか。○の中に**すう字**をかきなさい。 (10) 1×10

半…1 ○
通…2 ○
里…3 ○
組…4 ○
門…5 ○
答…6 ○
売…7 ○
家…8 ○
南…9 ○
画…10 ○

（三）□に**ひらがな**を**一字**かいて、つぎの**ことば**の**よみ**をこたえなさい。 (8) 1×8

（れい　左右……さ[ゆ]う）

東西……と 1□ ざい

11 図かんにかいてあった。

4 12 体いくの 13 時間にみんなで

つな 14 引きのれんしゅうをした。

5 15 紙ねん土で 16 三角や四角など、

いろいろな形のケーキを 17 作って

えのぐで 18 色をつけた。

6 19 秋になって、20 原っぱにいる

虫の 21 鳴き 22 声が大きくなった。

7

野生……2 □せ 3 □

親切……し 4 □せつ

昼間……5 □る 6 □

町内……ちょ 7 □ 8 □い

**(四)** ○のところは、**はねるか、とめるか、**正しいかきかたで○の中にかきなさい。(4) 1×4

(れい 字○→字○ 下○→下○)

1 外○国

2 市○場

3 汽○車

4 同○じ組

## （五）

つぎの文をよんで、——せんの**漢字**(かん)の**よみがな**を——せんの**右**にかきなさい。

(10)
1×10

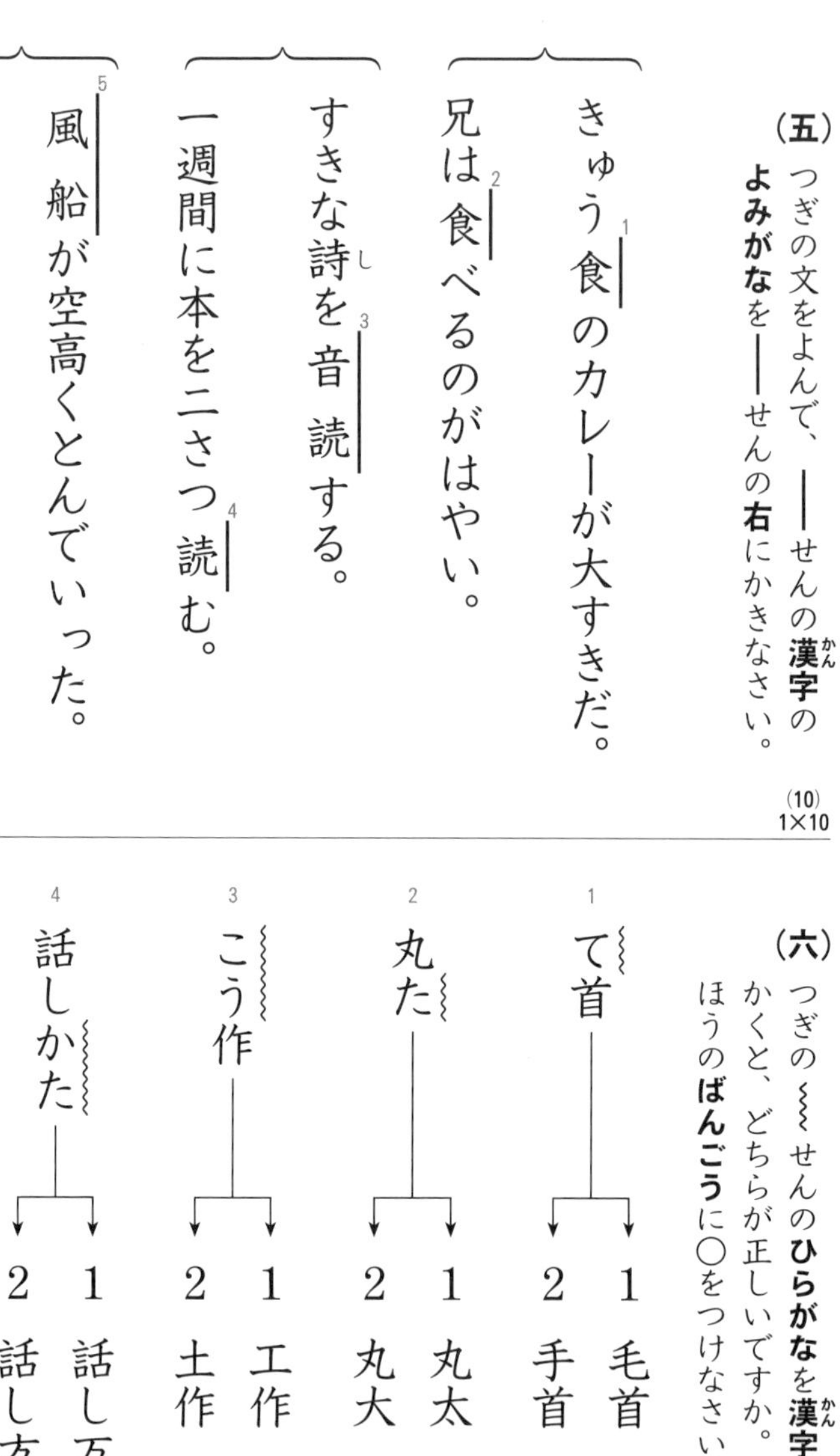

きゅう食[1]のカレーが大すきだ。
兄は食[2]べるのがはやい。

すきな詩(し)を音読[3]する。
一週間に本を二さつ読[4]む。

風船[5]が空高くとんでいった。
船[6]にのって、しまをめぐる。

## （六）

つぎの〰せんの**ひらがな**を**漢字**(かん)でかくと、どちらが正しいですか。正しいほうの**ばんごう**に〇をつけなさい。

(6)
1×6

1 て首
- 1 毛首
- 2 手首

2 丸た
- 1 丸太
- 2 丸大

3 こう作
- 1 工作
- 2 土作

4 話しかた
- 1 話し万
- 2 話し方

5 ち下室
- 1 地下室
- 2 池下室

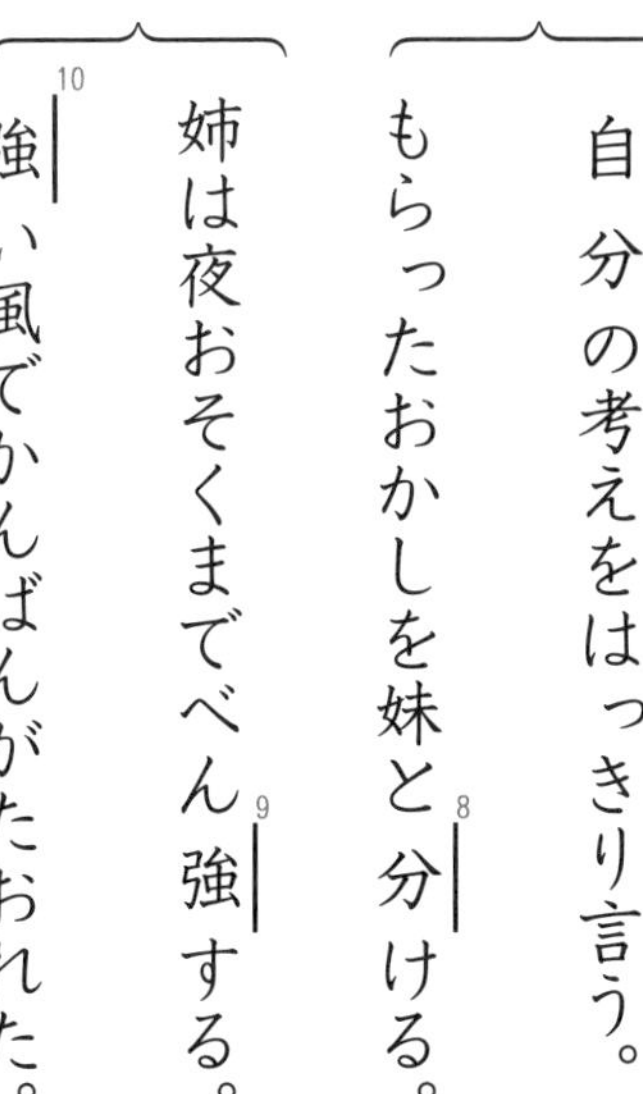

7 自分の考えをはっきり言う。

もらったおかしを妹と8 分ける。

姉は夜おそくまでべん9 強する。

10 強い風でかんばんがたおれた。

6 ふる本
1 古本
2 右本

**(七)** れいのように**おなじなかま**の**漢字**を□の中にかきなさい。 (20) 2×10

（れい　木……村（むら）人・山林（りん））

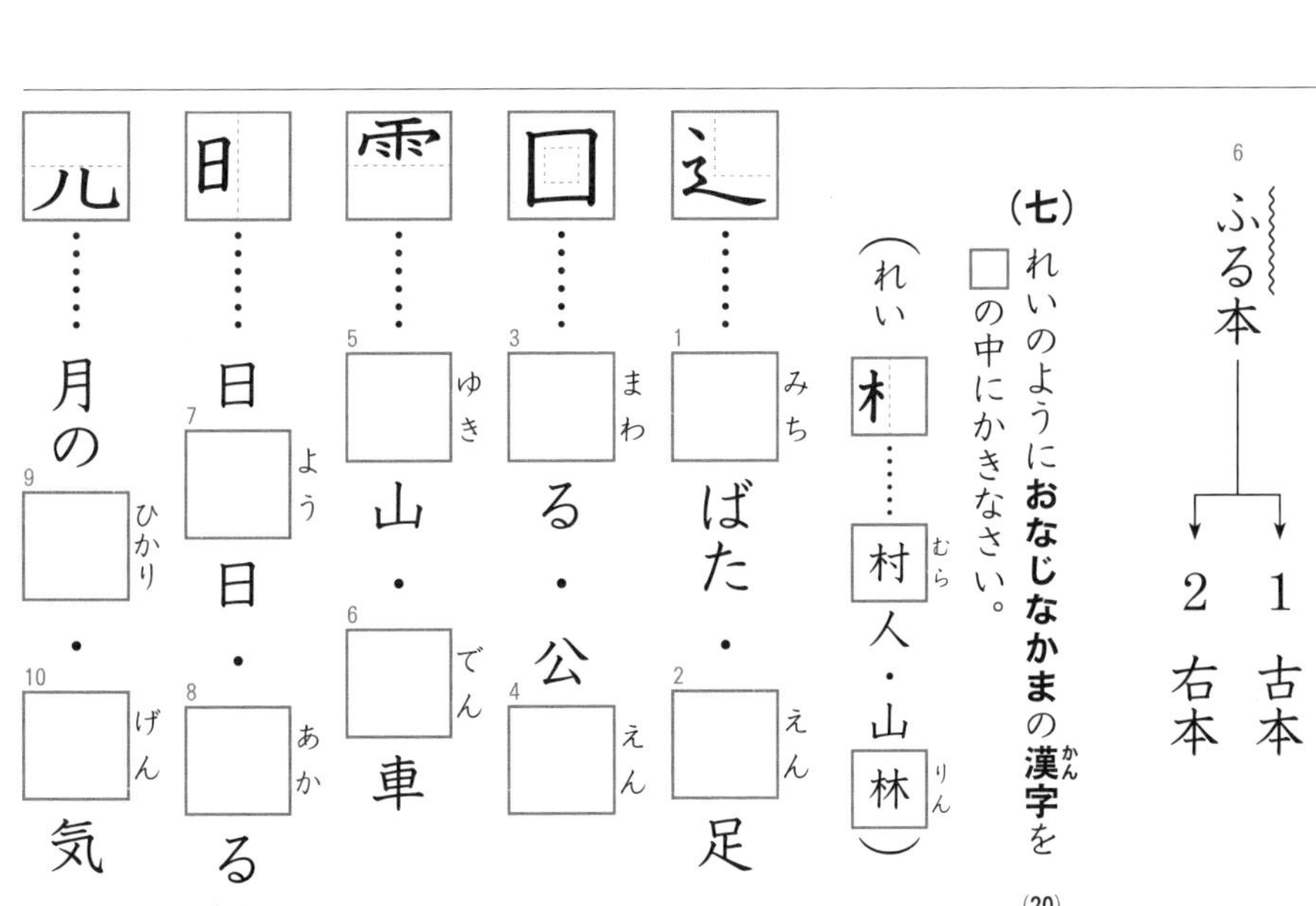

辶……1（みち）ばた・2（えん）足

囗……3（まわ）る・公4（えん）

⻗……5（ゆき）山・6（でん）車

日……日7（よう）日・8（あか）るい

儿……月の9（ひかり）・10（げん）気

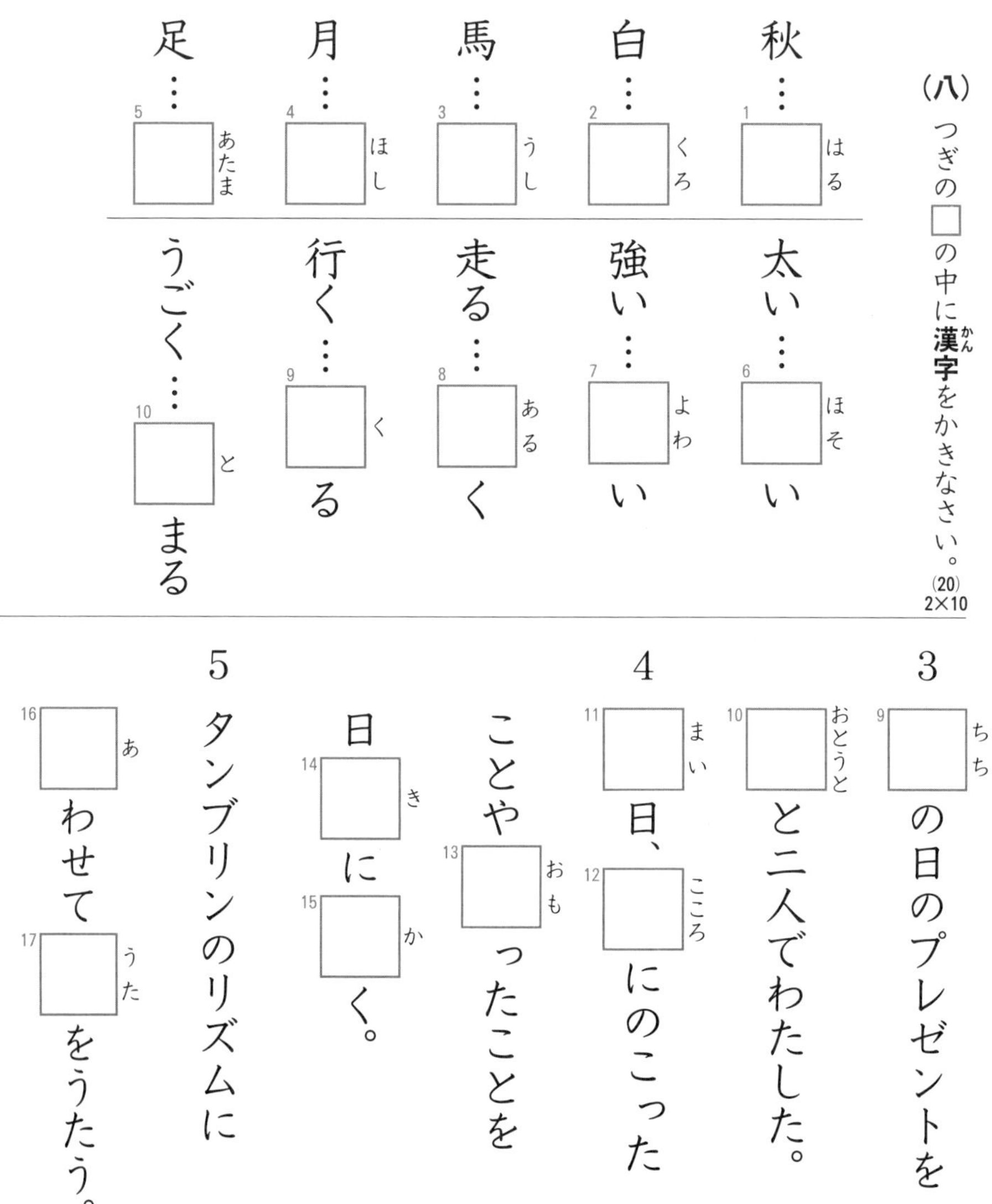

（八）つぎの□の中に漢字（かん じ）をかきなさい。 (20) 2×10

秋…1 □（はる）

白…2 □（くろ）

馬…3 □（うし）

月…4 □（ほし）

足…5 □（あたま）

太い…6 □（ほそ）い

強い…7 □（よわ）い

走る…8 □（ある）く

行く…9 □（く）る

うごく…10 □（と）まる

---

3 9 □（ちち）の日のプレゼントを10 □（おとうと）と二人でわたした。

4 11 □（まい）日、12 □（こころ）にのこったことや13 □（おも）ったことを日14 □（き）に15 □（か）く。

5 タンブリンのリズムに16 □（あ）わせて17 □（うた）をうたう。

（九）つぎの文をよんで、□の中に漢字（かんじ）をかきなさい。 (50) 2×25

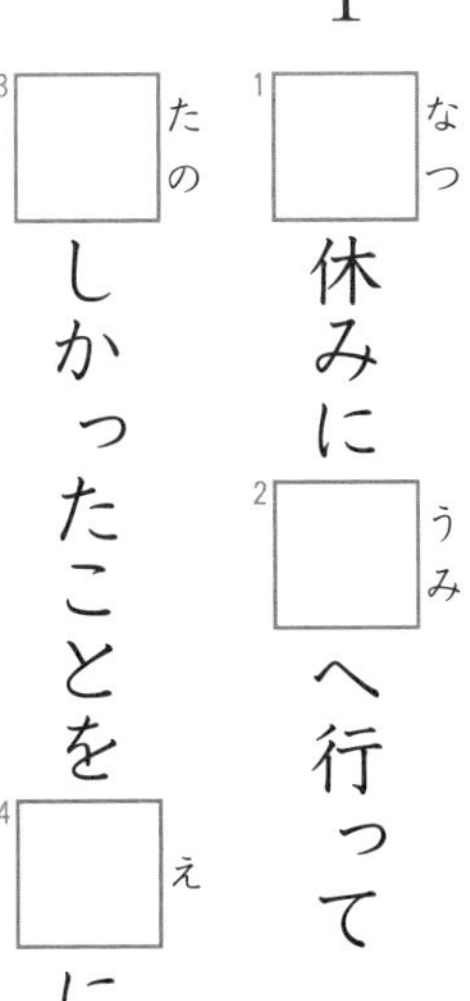

1　□1（なつ）休みに□2（うみ）へ行って□3（たの）しかったことを□4（え）にかいた。

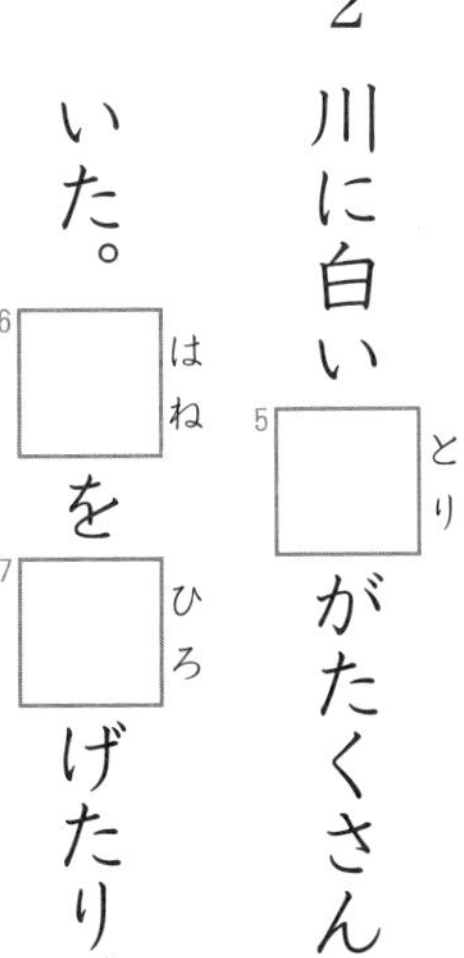

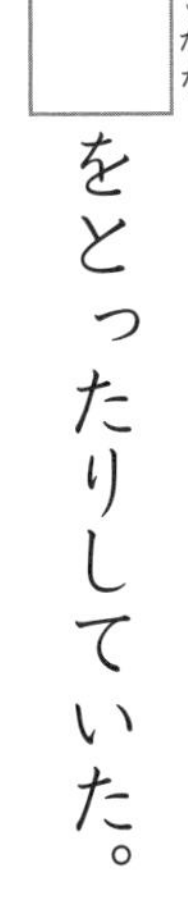

2　川に白い□5（とり）がたくさんいた。□6（はね）を□7（ひろ）げたり、□8（さかな）をとったりしていた。

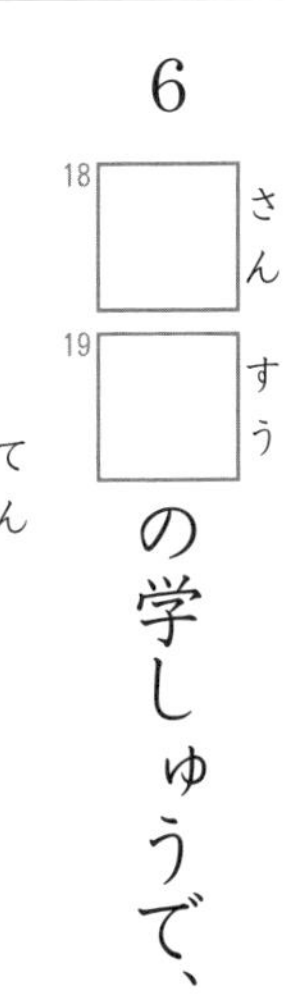

6　□18（さん）□19（すう）の学しゅうで、二つの□20（てん）をむすんで□21（ちょく）□22（せん）を引いた。

7　お□23（かあ）さんに□24（か）ってもらった□25（あたら）しいくつをはいて出かける。

▼解答（かいとう）（こたえ）は別冊（べっさつ）26〜29ページ

7

**（一）** つぎの文をよんで、――せんの**漢字**（かん）のよみがなを――せんの**右**にかきなさい。 (22) 1×22

1 チャイムが鳴[1]って、先生が教室[2]に入ってきた。みんなで元気[3]よくあいさつをした。

2 お母[4]さんが妹[5]の足のつめを切[6]っている。

3 国語[7]の時間に、新[8]しい漢字（かん）をならった。正しく書[9]けるように何回[10]もれんしゅうした。

**（二）** つぎの**漢字**（かん）の**ふとい**ところは**なんばんめ**にかきますか。○の中に**すう字**をかきなさい。 (10) 1×10

絵……1 ○

毎……2 ○

社……3 ○

理……4 ○

鳥……5 ○

夏……6 ○

曜……7 ○

帰……8 ○

丸……9 ○

船……10 ○

**（三）** □に**ひらがな**を**一字**かいて、つぎの**ことば**の**よみ**をこたえなさい。 (8) 1×8

（れい　左右……さ[ゆ]う）

同時……どう 1 □

4　男の人がとばした矢[11]が、遠[12]くのまとに当[13]たった。

5　先週[14]の日曜日に、家[15]ぞくでピクニックに行[16]った。公園[17]の広場[18]で、おべんとうを食[19]べたりあそんだりして楽[20]しかった。

6　大工[21]さんが、はしごをつかって高[22]いやねの上にのぼる。

---

点線……[2]□ん[3]□ん

通学……つ[4]□がく

今年……[5]□と[6]□

親友……し[7]□[8]□う

**（四）** ○のところは、**はねるか、とめるか、**正しいかきかたで○の中にかきなさい。 (4) 1×4

（れい　字○→字○　下○→下○）

1 弱○い雨

2 思○いやり

3 ぶた肉○

4 工作○

（五）

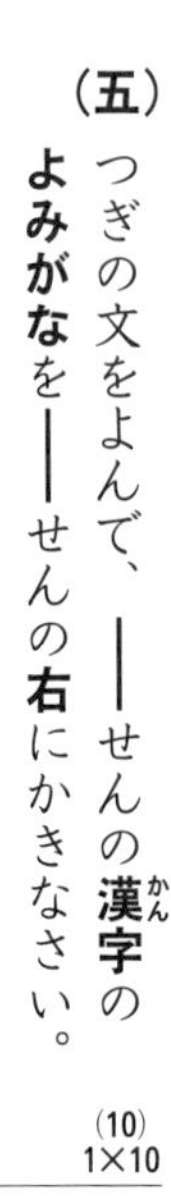

つぎの文をよんで、――せんの漢字（かん）のよみがなを――せんの右にかきなさい。

(10) 1×10

西の山に太（1）ようがしずむ。

にわに太（2）いまつの木がある。

店で牛（3）にゅうとパンを買う。

ぼく場で黒い牛（4）を見た。

さむいので、毛（5）ふをかけてねた。

かみの毛（6）をリボンでむすぶ。

（六）

つぎの〰せんのひらがなを漢字（かん）でかくと、どちらが正しいですか。正しいほうのばんごうに〇をつけなさい。

(6) 1×6

1 三かく
- 1 三角
- 2 三用

2 と地
- 1 上地
- 2 土地

3 こう番
- 1 文番
- 2 交番

4 半ぶん
- 1 半分
- 2 半刀

5 つなひき
- 1 つな弓き
- 2 つな引き

7 午後一時に、しあいがはじまる。

マットの上で8 後ろ回りをした。

9 体いくの時間にサッカーをした。

ふろで10 体をきれいにあらう。

6 自てんしゃ
1 自てん東
2 自てん車

（七）　□の中にかきなさい。れいのように**おなじなかまの漢字**を　(20) 2×10

（れい　木……村(むら)人・山林(りん)）

氵……1 □(いけ)の水・2 □(き)船

儿……おに3 □(い)さん・4 □(ひか)る

言……日5 □(き)・6 □(けい)算

頁……7 □(かお)・先8 □(とう)

雨……9 □(ゆき)山・10 □(でん)気

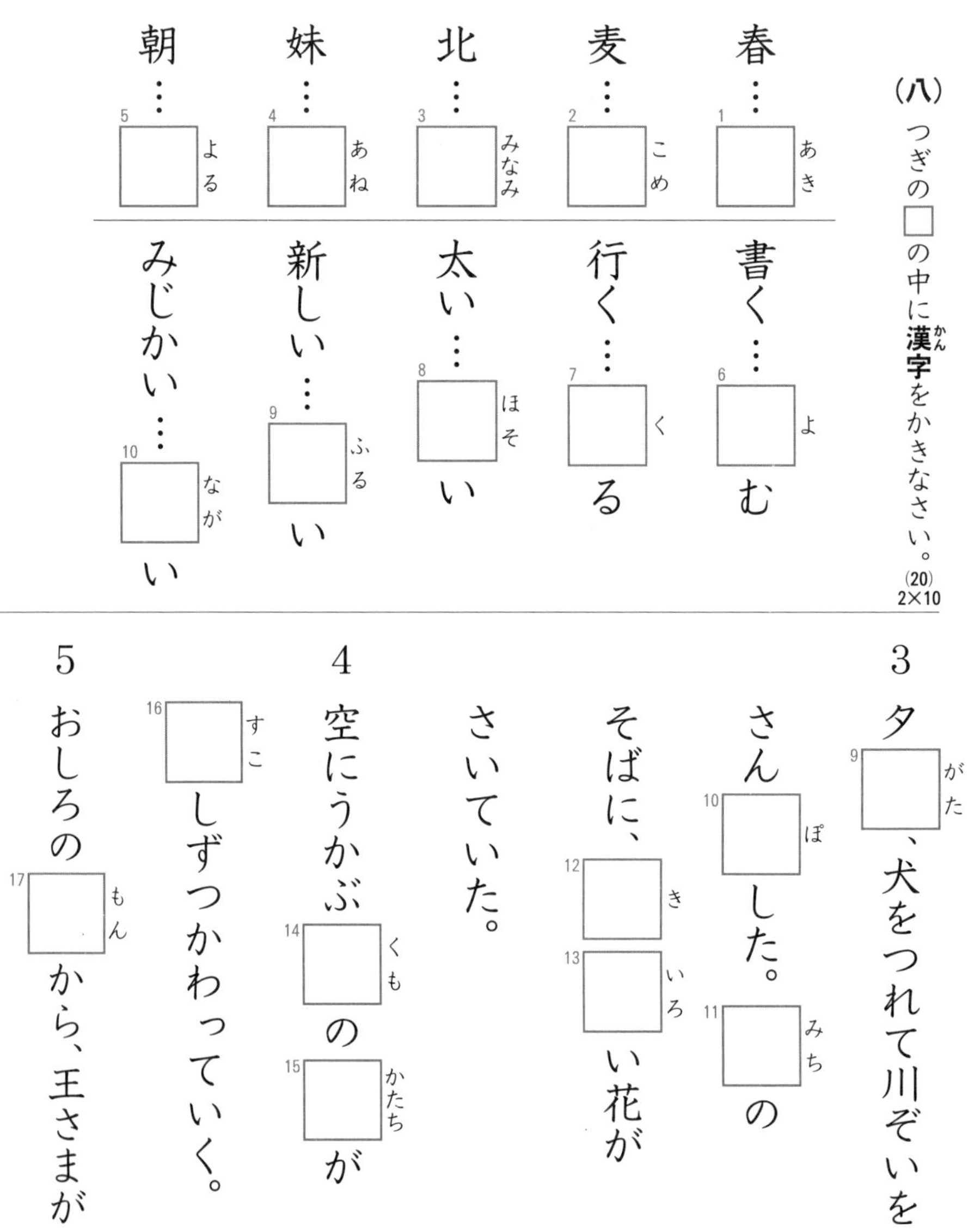

（八）つぎの□の中に漢字（かんじ）をかきなさい。(20) 2×10

春…1 □（あき）

麦…2 □（こめ）

北…3 □（みなみ）

妹…4 □（あね）

朝…5 □（よる）

書く…6 □（よ）む

行く…7 □（く）る

太い…8 □（ほそ）い

新しい…9 □（ふる）い

みじかい…10 □（なが）い

3 夕9 □（がた）、犬をつれて川ぞいをさん10 □（ぽ）した。11 □（みち）のそばに、12 □（き）13 □（いろ）い花がさいていた。

4 空にうかぶ14 □（くも）の15 □（かたち）が16 □（すこ）しずつかわっていく。

5 おしろの17 □（もん）から、王さまが

（九）つぎの文をよんで、□の中に漢字(かんじ)をかきなさい。 (50) 2×25

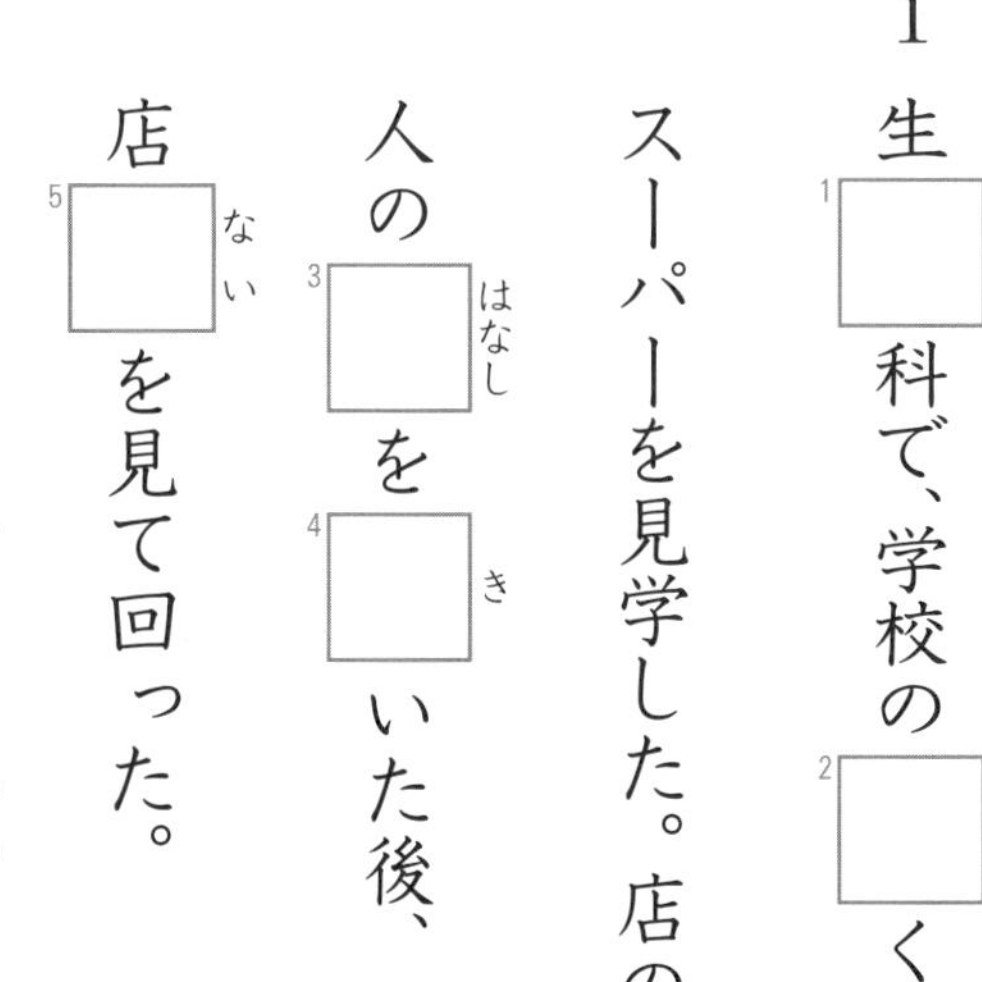

1 生[1 □(かつ)]科で、学校の[2 □(ちか)]くのスーパーを見学した。店の人の[3 □(はなし)]を[4 □(き)]いた後、店[5 □(ない)]を見て回った。

2 かもめが[6 □(うみ)]べの[7 □(いわ)]場で[8 □(はね)]を休めている。

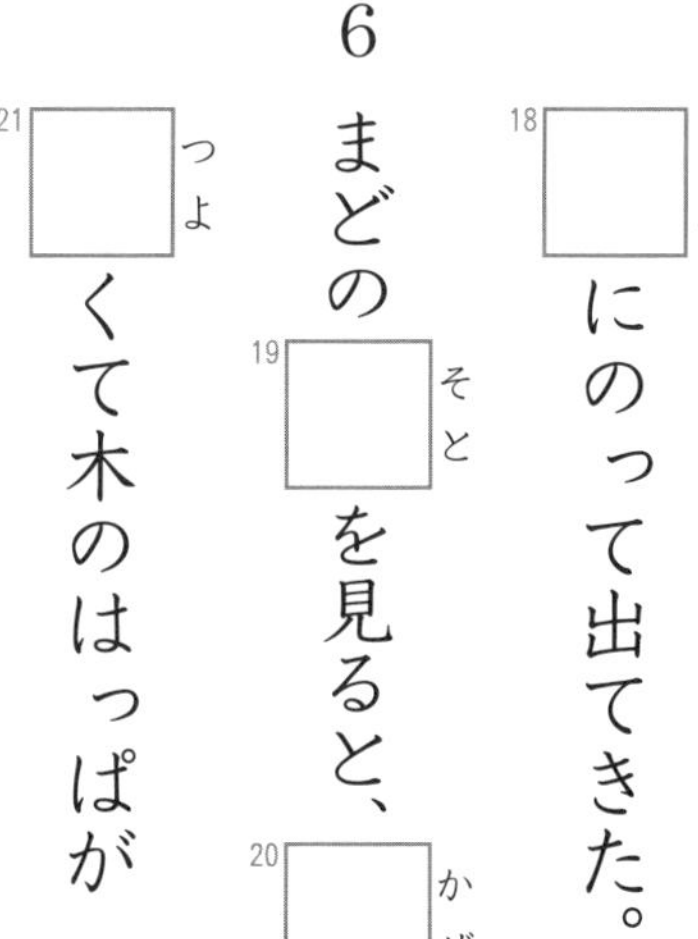

[18 □(うま)]にのって出てきた。

6 まどの[19 □(そと)]を見ると、[20 □(かぜ)]が[21 □(つよ)]くて木のはっぱがたくさんちっていた。

7 [22 □(は)]れた日に、お[23 □(とう)]さんと[24 □(たに)]川で[25 □(さかな)]つりをした。

▼解答(かいとう)(こたえ)は別冊(べっさつ)30～33ページ

（一） つぎの文をよんで、——せんの漢字（かん）のよみがなを——せんの右にかきなさい。 (22) 1×22

1 [1]寺のにわにつもった [2]黄色いおちばの上を そっと[3]歩いた。

2 [4]生活科の時間に[5]交番へ [6]行って、おまわりさんに[7]話を [8]聞いた。

3 先生のピアノに[9]合わせて [10]元気よく[11]校歌を歌う。

（二） つぎの漢字（かん）のふといところはなんばんめにかきますか。◯の中にすう字をかきなさい。 (10) 1×10

古…… 1 ◯

社…… 2 ◯

毎…… 3 ◯

京…… 4 ◯

絵…… 5 ◯

冬…… 6 ◯

長…… 7 ◯

通…… 8 ◯

首…… 9 ◯

万…… 10 ◯

（三） □に**ひらがな**を**一字**かいて、つぎの**ことば**の**よみ**をこたえなさい。 (8) 1×8

（れい 左右……さ[ゆ]う）

会話……かい 1 □

4 クイズの答[12]えを友[13]だちといっしょに考[14]えた。

5 きのう買[15]ってもらった新[16]しいかさには、きらきら光[17]る星[18]のもようがついている。

6 どうぶつ園[19]のきりんが、長い首[20]をのばして、高[21]いところにおいてあるえさを食[22]べた。

---

直線……ちょ[2]□[3]□ん

遠回り…[4]□おま[5]□り

野鳥……や[6]□ょう

人数……に[7]□[8]□う

**(四)** ○のところは、**はねるか、とめるか、**正しいかきかたで○の中にかきなさい。 (4) 1×4

（れい　字○→字○　下○→下○）

1 となりの家○

2 すずしい風○

3 町外○れ

4 南○がわ

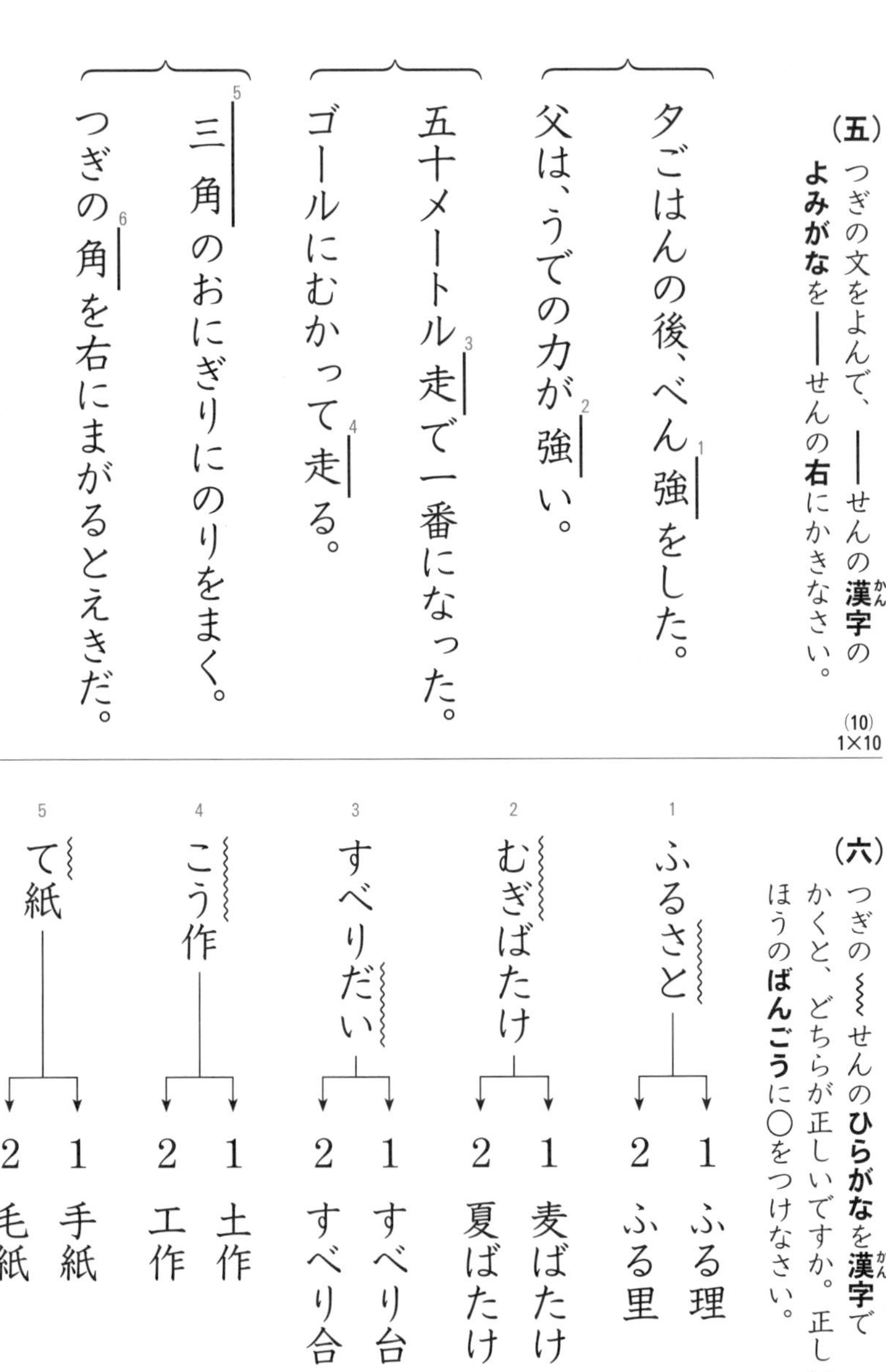

**(五)** つぎの文をよんで、——せんの**漢字**(かん)の**よみがな**を——せんの**右**にかきなさい。 (10) 1×10

夕ごはんの後、べん強(1)をした。

父は、うでの力が強(2)い。

五十メートル走(3)で一番になった。

ゴールにむかって走(4)る。

三角(5)のおにぎりにのりをまく。

つぎの角(6)を右にまがるときだ。

**(六)** つぎの〰せんの**ひらがな**を**漢字**(かん)でかくと、どちらが正しいですか。正しいほうの**ばんごう**に○をつけなさい。 (6) 1×6

1 ふるさと（〰さと）
- 1 ふる理
- 2 ふる里

2 むぎばたけ（〰むぎ）
- 1 麦ばたけ
- 2 夏ばたけ

3 すべりだい（〰だい）
- 1 すべり台
- 2 すべり合

4 こう作（〰こう）
- 1 土作
- 2 工作

5 て紙（〰て）
- 1 手紙
- 2 毛紙

へやでしずかな7音楽をきく。

弟とボールあそびを8楽しんだ。

おもちゃの9電池をとりかえる。

10池の水に月がうつっている。

---

6 弓や

1 弓天

2 弓矢

**(七)** れいのように**おなじなかまの漢字**(かん)を□の中にかきなさい。 (20) 2×10

(れい) 木……村(むら)人・山林(りん)

言……1□(けい)画・日2□(き)

辶……3□(みち)ばた・来4□(しゅう)

女……5□(いもうと)・6□(あね)

广……7□(みせ)の中・8□(ひろ)い

日……夜9□(あ)け・木10□(よう)日

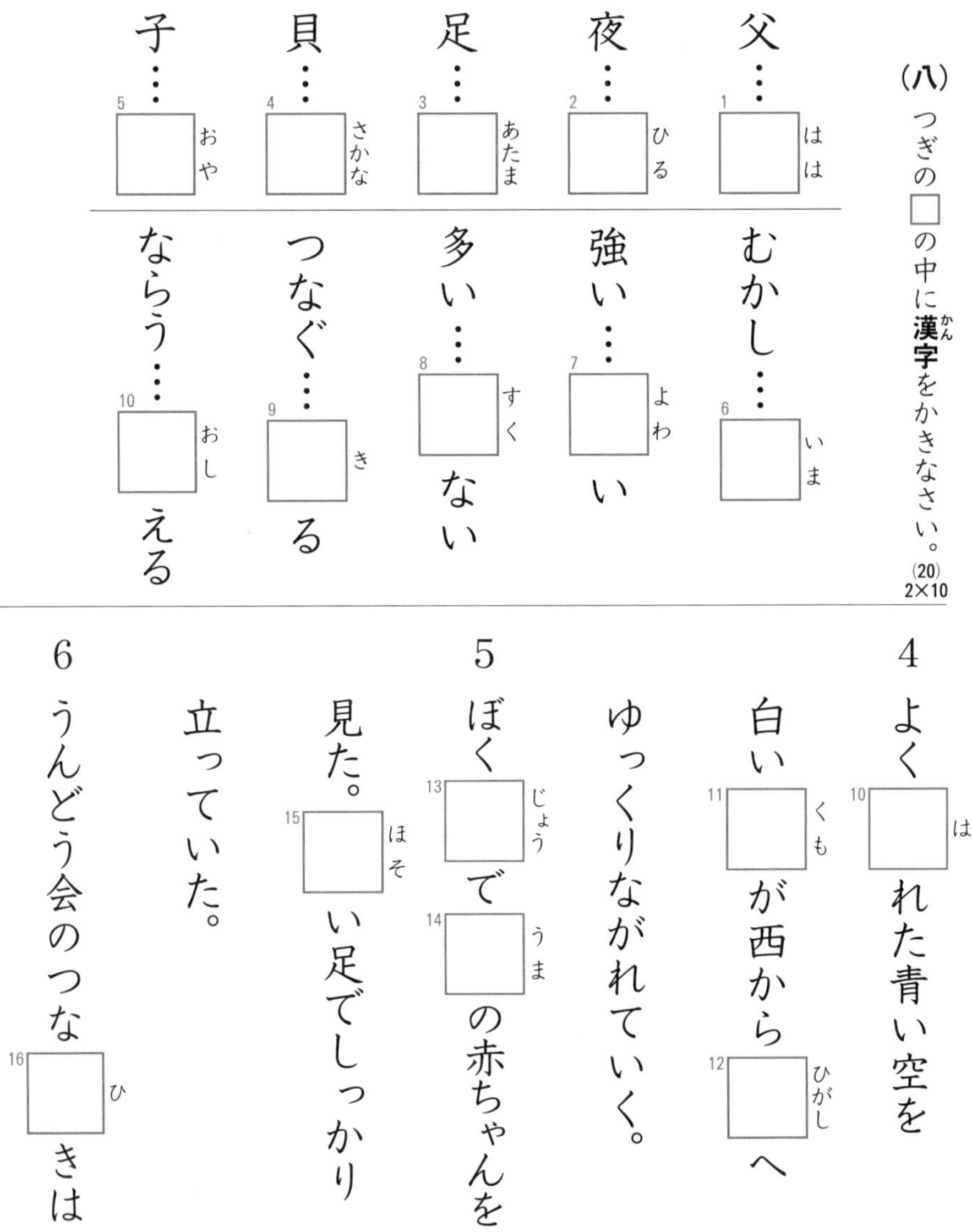

（八）つぎの□の中に**漢字**（かん じ）をかきなさい。（20）2×10

父…［1 はは］

夜…［2 ひる］

足…［3 あたま］

貝…［4 さかな］

子…［5 おや］

むかし…［6 いま］

強い…［7 よわ］い

多い…［8 すく］ない

つなぐ…［9 き］る

ならう…［10 おし］える

4　よく［10 は］れた青い空を白い［11 くも］が西から［12 ひがし］へゆっくりながれていく。

5　ぼく［13 じょう］で［14 うま］の赤ちゃんを見た。［15 ほそ］い足でしっかり立っていた。

6　うんどう会のつな［16 ひ］きは

（九）つぎの文をよんで、□の中に漢字(かん じ)をかきなさい。 (50) 2×25

1 1□(あき)に2□(な)く虫について3□(と)4□(しょ)5□(しつ)でしらべた。

2 あしたは6□(あさ)早くおきて7□(ちか)くの山にのぼる。

3 プールに入る8□(まえ)にじゅんび9□(たい)そうをする。

---

赤17□(ぐみ)がかった。

7 18□(うみ)べの大きな19□(いわ)にすわって、お20□(ちゃ)をのんだ。

8 21□(こく)22□(ご)の時間にテストがあった。

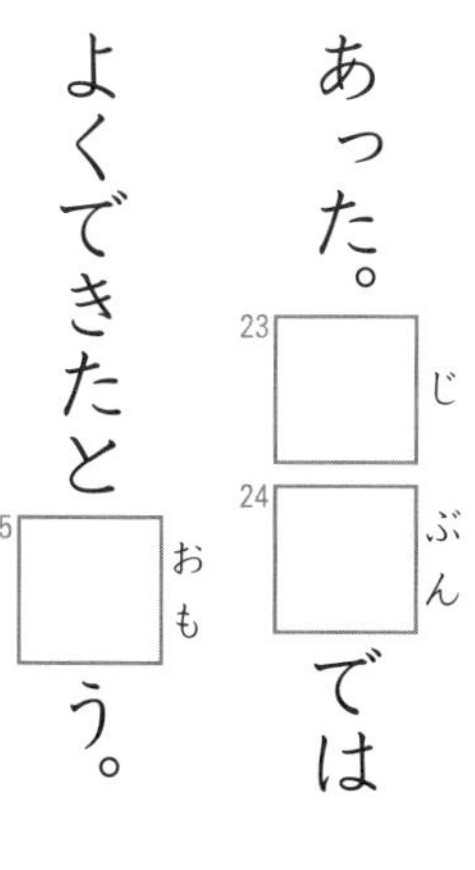

23□(じ)24□(ぶん)ではよくできたと25□(おも)う。

▼解答(かいとう)（こたえ）は別冊(べっさつ)34～37ページ

**(一)** つぎの文をよんで、――せんの**漢字**(かん)のよみがなを――せんの**右**にかきなさい。

(22) 1×22

1 野[1]さいがたくさん入ったカレーを食[2]べた。

2 生活科[3]の町たんけんでどんな人に会[4]って話[5]を聞[6]きたいかを考[7]える。

3 父は毎[8]ばん、火の元[9]と戸[10]じまりをたしかめる。

4 へやの中にあるものの長[11]さを

**(二)** つぎの**漢字**(かん)の**ふとい**ところは**なんばんめ**にかきますか。○の中に**すう字**をかきなさい。

(10) 1×10

肉…1 ○

麦…2 ○

組…3 ○

理…4 ○

寺…5 ○

多…6 ○

門…7 ○

南…8 ○

晴…9 ○

西…10 ○

**(三)** □に**ひらがな**を**一字**かいて、つぎの**ことば**の**よみ**をこたえなさい。

(8) 1×8

(れい 左右……さ[ゆ]う)

金魚……きん 1□ よ

はかって、算数[12]のノートに

記ろく[13]した。

5 太よう[14]がてりつける広い[15]

さばくを二頭[16]のらくだが

ゆっくりと歩[17]いている。

6 牛にゅう[18]をのもうと思[19]って

台どころ[20]に行くと、母[21]が

米[22]をといでいた。

三角……さ[2]か[3]

夕方……ゆうが[4]

店内……[5]ん[6]い

通学……[7]うが[8]

（四）○のところは、**はねるか、とめるか、**正しいかきかたで○の中にかきなさい。(4) 1×4

（れい　字○→字○　下○→下○）

1 鳴○き声

2 作○る

3 高○い山

4 風○船

(五) つぎの文をよんで、——せんの漢字(かんじ)のよみがなを——せんの右にかきなさい。 (10) 1×10

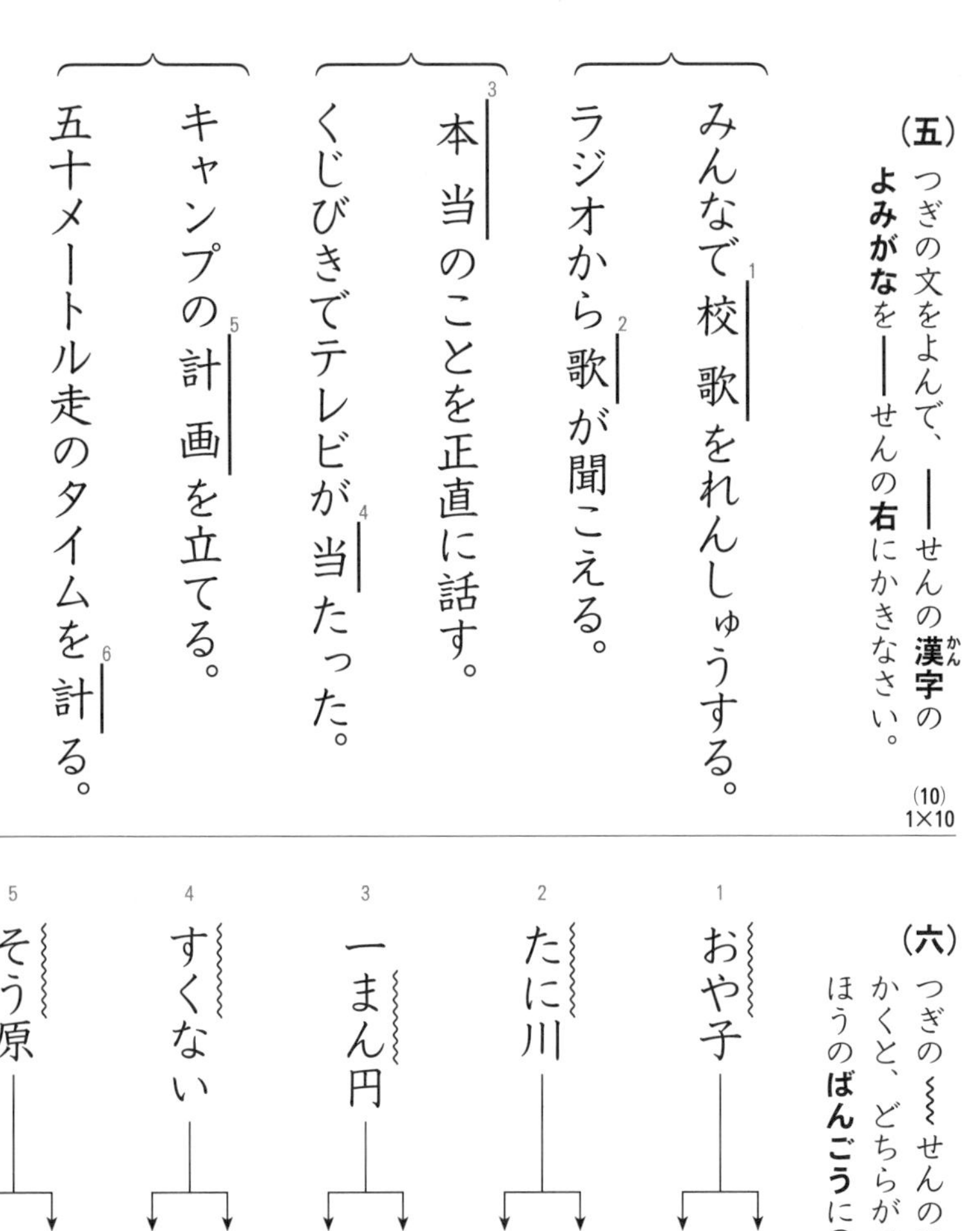

みんなで[1]校歌をれんしゅうする。

ラジオから[2]歌が聞こえる。

[3]本当のことを正直に話す。

くじびきでテレビが[4]当たった。

キャンプの[5]計画を立てる。

五十メートル走のタイムを[6]計る。

(六) つぎの〰せんのひらがなを漢字(かんじ)でかくと、どちらが正しいですか。正しいほうのばんごうに○をつけなさい。 (6) 1×6

1 おや子 → 1 新子　2 親子

2 たに川 → 1 谷川　2 答川

3 一まん円 → 1 一万円　2 一刀円

4 すくない → 1 小ない　2 少ない

5 そう原 → 1 草原　2 早原

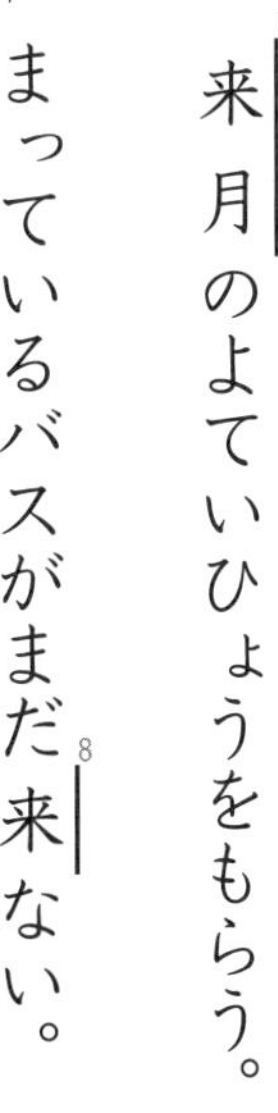

7 来月のよていひょうをもらう。

まっているバスがまだ8 来ない。

9 体いくでマットうんどうをした。

ふろで10 体をきれいにあらう。

6 じ分

1 目分

2 自分

（七） れいのように□の中に**おなじなかまの漢字**（かん）を かきなさい。 (20) 2×10

（れい 木……村（むら）人・山林（りん））

女……お1□（ねえ）さん・2□（いもうと）

雨……雨3□（ぐも）・大4□（ゆき）

弓……5□（つよ）い・つな6□（ひ）き

口……7□（まわ）る・ようち8□（えん）

糸……手9□（がみ）・電10□（せん）

10

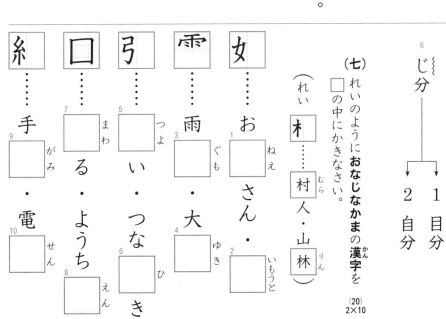

3 「さむい日は、あつい
おお[7 ちゃ]がおいしい。」
と、おばあさんが[8 い]った。

4 ぼくは[9 え]をかくのが
すきなので、[10 ず][11 こう]の
[12 じ][13 かん]が[14 たの]しみだ。

5 先[15 しゅう]の漢字(かん)テストは

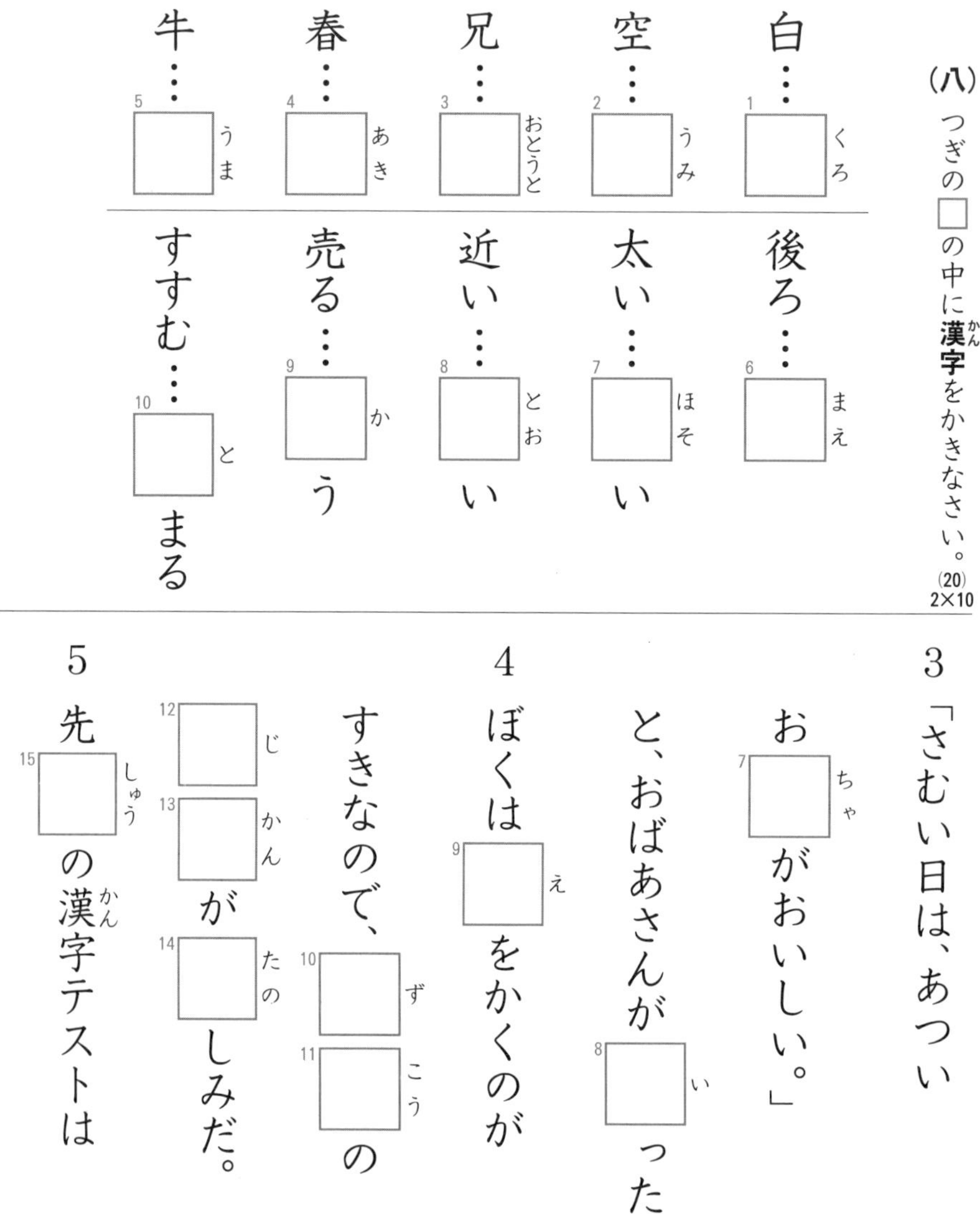

(八) つぎの□の中に漢字(かん)をかきなさい。(20) 2×10

白…[1 くろ]

空…[2 うみ]

兄…[3 おとうと]

春…[4 あき]

牛…[5 うま]

後ろ…[6 まえ]

太い…[7 ほそ]い

近い…[8 とお]い

売る…[9 か]う

すすむ…[10 と]まる

**(九)** つぎの文をよんで、□の中に**漢字**(かん)を かきなさい。 (50) 2×25

1 [1](ひる)休みに、うんどう[2](じょう)でころんでけがをした。ほけん[3](しっ)まで[4](とも)だちがついてきてくれた。

2 [5](き)[6](いろ)い花のまわりをみつばちがとんでいる。

百[16](てん)だった。

6 [17](よる)、[18](ひがし)の空に[19](あか)るく[20](ひか)る星を見つけた。

7 [21](こう)[22](ばん)のおまわりさんが[23](がい)[24](こく)の人に[25](みち)を教えている。

▼解答(こたえ)は別冊38〜41ページ

10

# しけんもんだい  （ 9級 ）

（一） つぎの文をよんで、——せんの**漢字**のよみがなを——せんの**右**にかきなさい。 (22) 1×22

1 学校から[1]帰るときに川ぞいの[2]通りで、[3]弟のようち[4]園のバスが[5]走っているのを見た。

2 [6]話し合いできまったことを先生が[7]黒ばんに[8]書いた。

3 [9]大工さんが、となりの[10]家のやねを[11]直している。

4 [12]朝早くおきて、[13]池のまわりを

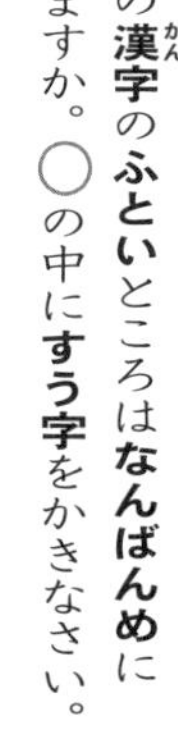

（二） つぎの**漢字**の**ふとい**ところは**なんばんめ**にかきますか。○の中に**すう字**をかきなさい。 (10) 1×10

矢…1 ○

回…2 ○

考…3 ○

曜…4 ○

谷…5 ○

半…6 ○

秋…7 ○

汽…8 ○

毎…9 ○

歌…10 ○

（三） □に**ひらがな**を**一字**かいて、つぎの**ことば**の**よみ**をこたえなさい。 (8) 1×8

（れい 左右……さ[ゆ]う）

音読……おんど 1 □

さん歩[14]した。

5 雲[15]一つない青空を、鳥[16]が羽を広[17]げてゆったりとんでいる。

6 メロンをほうちょうで半分[18]に切[19]った。

7 夜[20]おそくにトイレに行[21]くときこわかったので、お父[22]さんについてきてもらった。

晴天……せ[2]ん
草原……く[4]は[5]
土星……ど[6]い
四頭……よ[7]う

(四) ○のところは、**はねるか、とめるか、**正しいかきかたで○の中にかきなさい。(4) 1×4

(れい 字○→字○　下○→下○)

1 市○やくしょ

2 つな引○き

3 心○ぱい

4 手作○り

**(五)** つぎの文をよんで、――せんの**漢字**のよみがなを――せんの**右**にかきなさい。 (10) 1×10

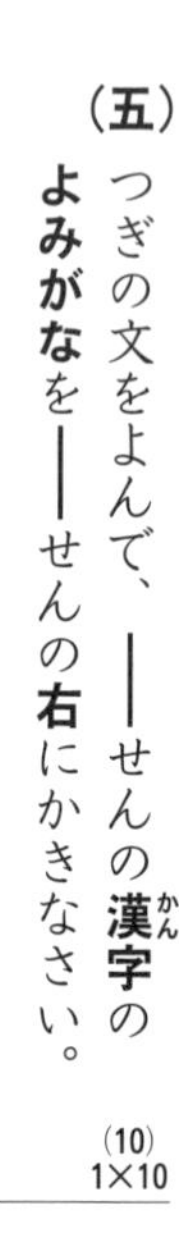

1 お正月に新年のあいさつをした。

2 新しい自てん車にのる。

3 あすは午前九時に出かける。

4 学校の前にパンやさんがある。

5 野きゅうのしあいがはじまった。

6 野はらに花がさいている。

**(六)** つぎの〰せんの**ひらがな**を**漢字**でかくと、どちらが正しいですか。正しいほうの**ばんごう**に○をつけなさい。 (6) 1×6

1 すくない
- 1 少ない
- 2 小ない

2 ごう計
- 1 台計
- 2 合計

3 五まん円
- 1 五万円
- 2 五方円

4 牛にく
- 1 牛内
- 2 牛肉

5 もちいる
- 1 角いる
- 2 用いる

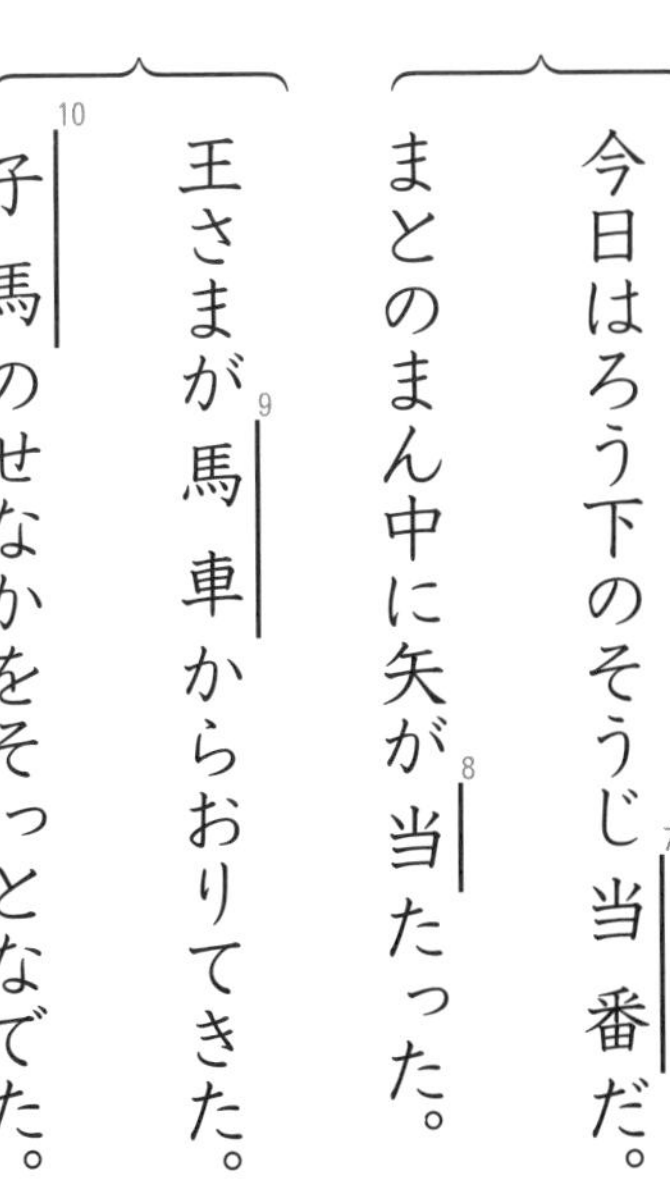

今日はろう下のそうじ7当番だ。

まとのまん中に矢が8当たった。

王さまが9馬車からおりてきた。

10子馬のせなかをそっとなでた。

6 はく線
→ 1 白線
→ 2 日線

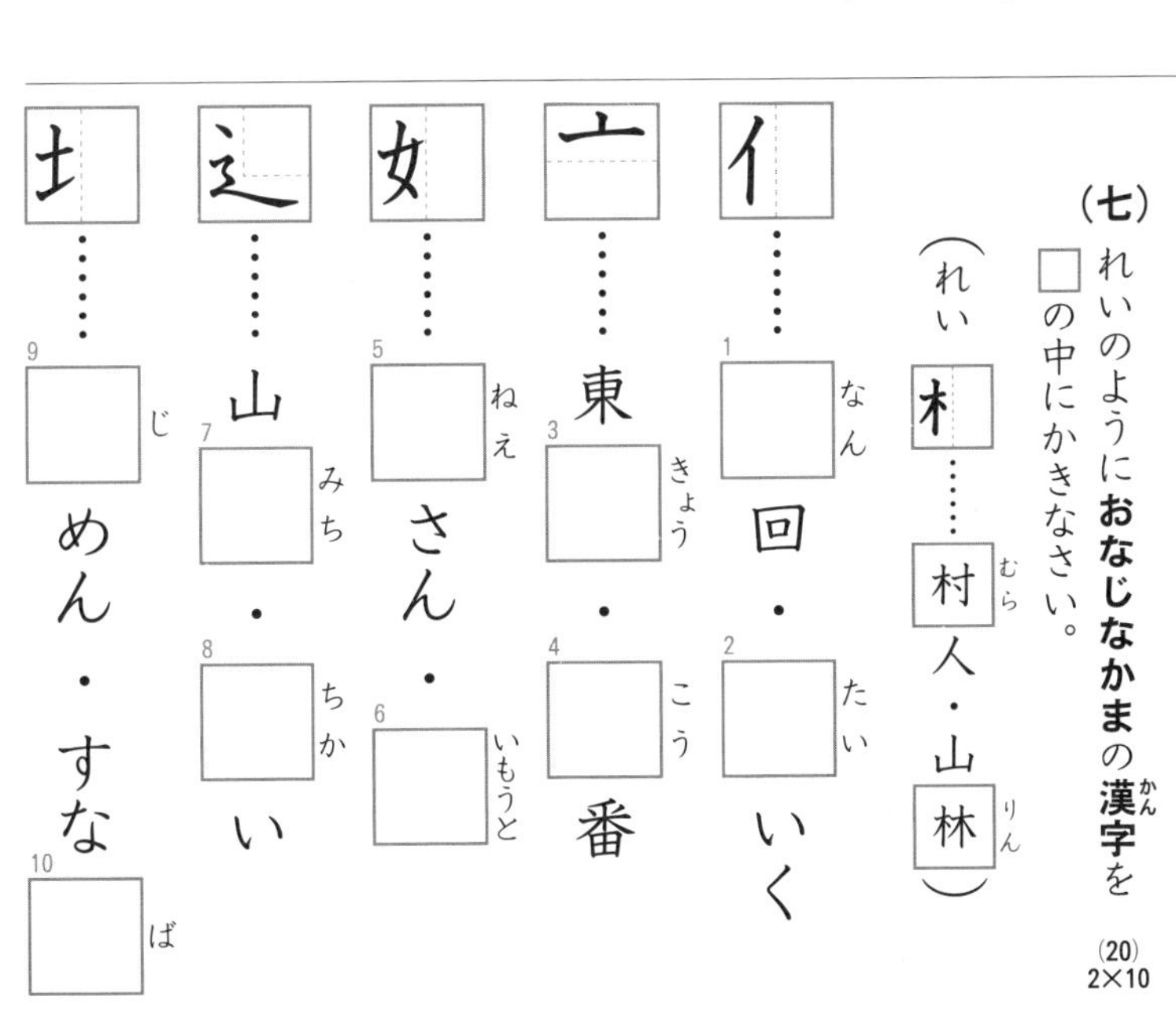

**(七)** れいのように**おなじなかま**の**漢字**(かん)を□の中にかきなさい。 (20) 2×10

（れい） 木……[村](むら)人・山[林](りん)

イ……1□(なん)回・2□(たい)いく

亠……東3□(きょう)・4□(こう)番

女……5□(ねえ)さん・6□(いもうと)

辶……山7□(みち)・8□(ちか)い

土……9□(じ)めん・すな10□(ば)

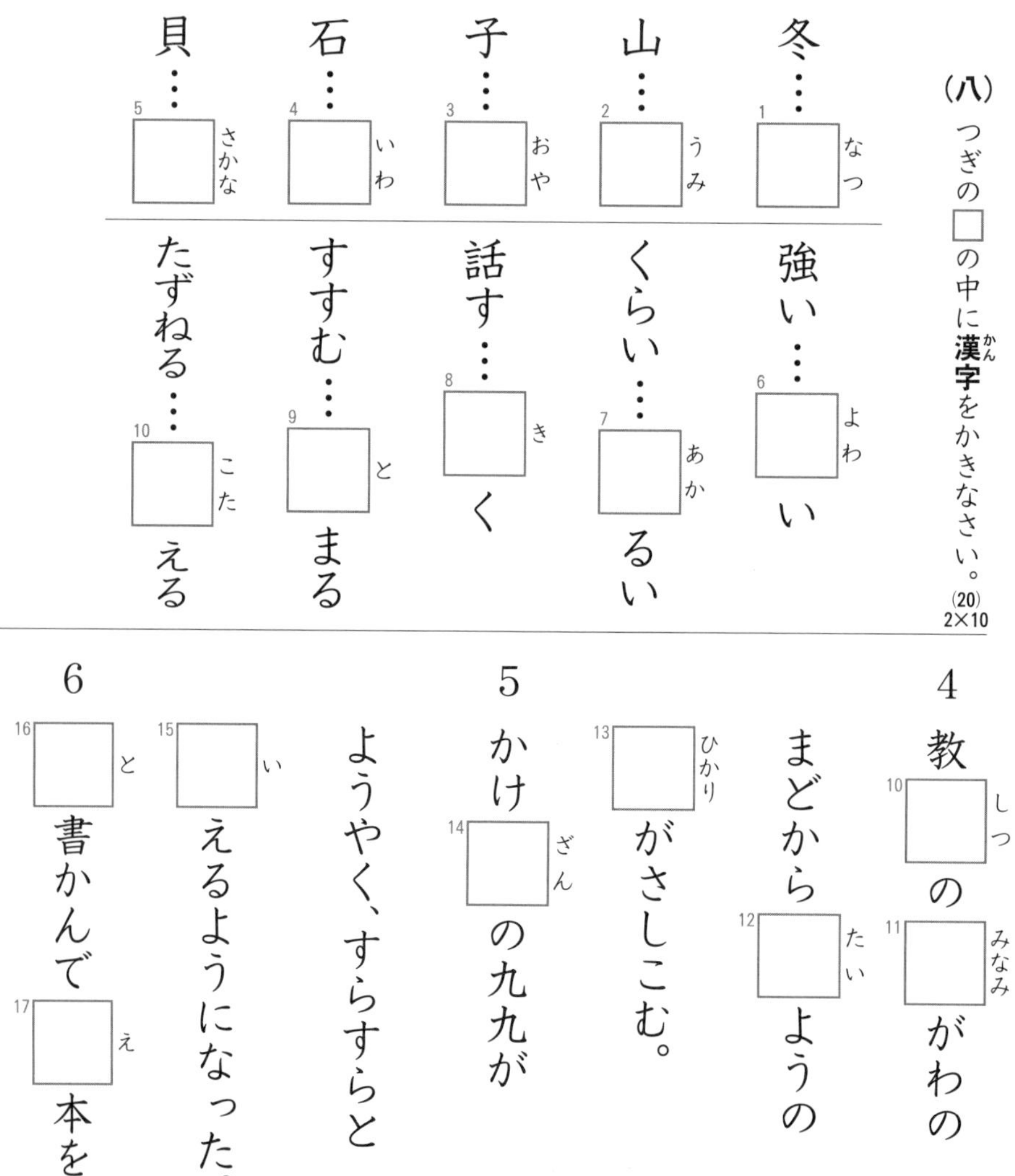

（八）つぎの□の中に漢字（かんじ）をかきなさい。 (20) 2×10

- 冬…［1］（なつ）
- 山…［2］（うみ）
- 子…［3］（おや）
- 石…［4］（いわ）
- 貝…［5］（さかな）
- 強い…［6］（よわ）い
- くらい…［7］（あか）るい
- 話す…［8］（き）く
- すすむ…［9］（と）まる
- たずねる…［10］（こた）える

4 教［10］（しつ）の［11］（みなみ）がわのまどから［12］（たい）ようの［13］（ひかり）がさしこむ。

5 かけ［14］（ざん）の九九がようやく、すらすらと［15］（い）えるようになった。

6 ［16］（と）書かんで［17］（え）本を

（九） つぎの文をよんで、□の中に漢字をかきなさい。 2×25 (50)

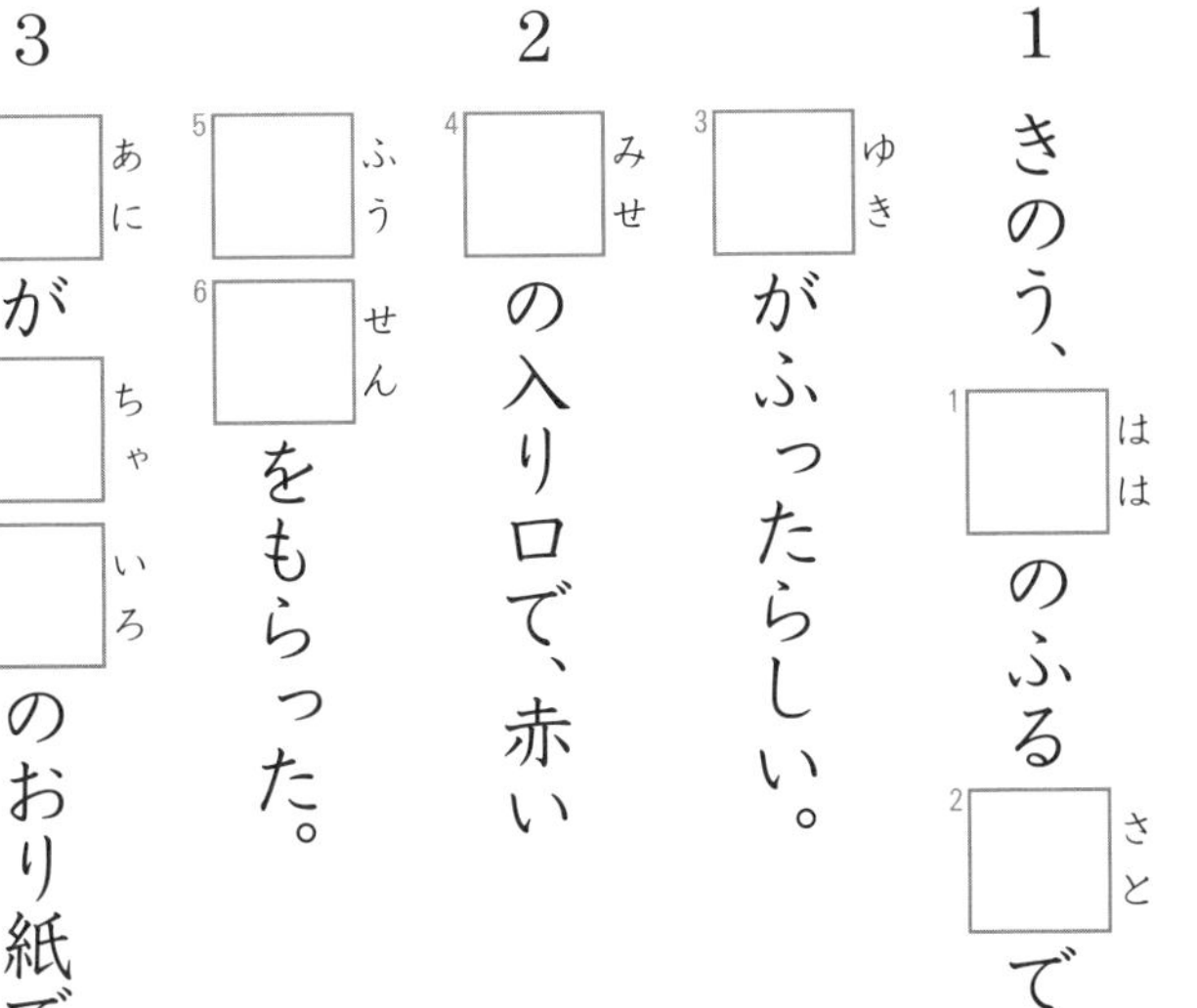

1 きのう、□[1](はは)のふる□[2](さと)で□[3](ゆき)がふったらしい。

2 □[4](みせ)の入り口で、赤い□[5](ふう)□[6](せん)をもらった。

3 □[7](あに)が□[8](ちゃ)□[9](いろ)のおり紙でかぶと虫をおってくれた。

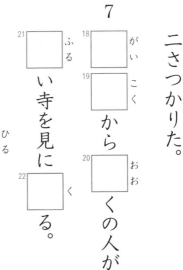

---

二さつかりた。

7 □[18](がい)□[19](こく)から□[20](おお)くの人が□[21](ふる)い寺を見に□[22](く)る。

8 休みの日、□[23](ひる)ごはんを□[24](た)べた□[25](あと)、家ぞくで楽しくおしゃべりをした。

▼解答(こたえ)は別冊42～45ページ

# しけんもんだい 12 （9級）

（一）つぎの文をよんで、――せんの漢字のよみがなを――せんの右にかきなさい。 (22) 1×22

1 よく晴[1]れた日の昼休[2]みに
うんどう場を走[3]り回って
楽[4]しくあそんだ。

2 母[5]のふる里[6]にすんでいる
おじさんは、毎年、自分[7]で
作[8]った野[9]さいや米[10]を
おくってくれる。

3 東[11]の空が明[12]るくなって

（二）つぎの漢字のふといところはなんばんめにかきますか。○の中にすう字をかきなさい。 (10) 1×10

京…1○ 弱…2○ 室…3○ 汽…4○ 帰…5○

活…6○ 黄…7○ 姉…8○ 夏…9○ 園…10○

（三）□にひらがなを一字かいて、つぎのことばのよみをこたえなさい。 (8) 1×8

（れい　左右……さ[ゆ]う）

正午……しょう1□

太[13]ようがのぼってきた。

4 あした、おまわりさんから交通[14]あんぜんの話を聞[15]く。

5 親[16]ねこが子ねこの首[17]の後[18]ろをくわえてはこぶ。

6 四月に弟[19]は一年生になる。新[20]しいランドセルが、弟の体[21]には、まだ少[22]し大きい。

小魚……こざ 2□ 3□

夜空……4□ ぞら

売店……ばい 5□ て 6□

人数……7□ ん 8□ う

（四）〇のところは、**はねるか、とめるか、**正しいかきかたで〇の中にかきなさい。(4) 1×4

（れい 字〇→字〇 下〇→下〇）

1 同〇じクラス

2 思〇い出

3 外〇れる

4 竹馬〇

**（五）** つぎの文をよんで、――せんの**漢字**の**よみがな**を――せんの**右**にかきなさい。

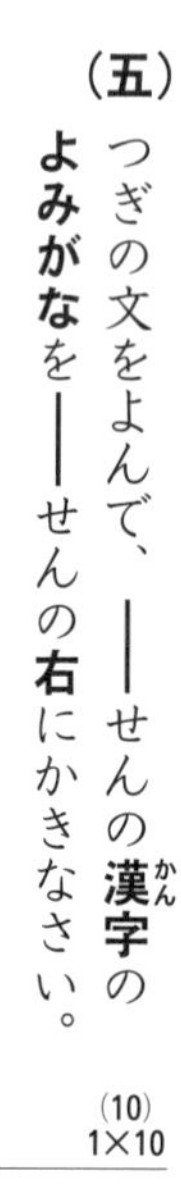

(10)
1×10

1. 先生が黒ばんに大きく字をかく。（――：黒）
2. 黒い手ぶくろをもっている。（――：黒）
3. 画用紙にぞうの絵をかいた。（――：画用紙）
4. 学校で紙しばいを見た。（――：紙）
5. お気に入りの本を大切にする。（――：大切）
6. かみの毛をみじかく切った。（――：切）

**（六）** つぎの〰せんの**ひらがな**を**漢字**でかくと、どちらが正しいですか。正しいほうの**ばんごう**に〇をつけなさい。

(6)
1×6

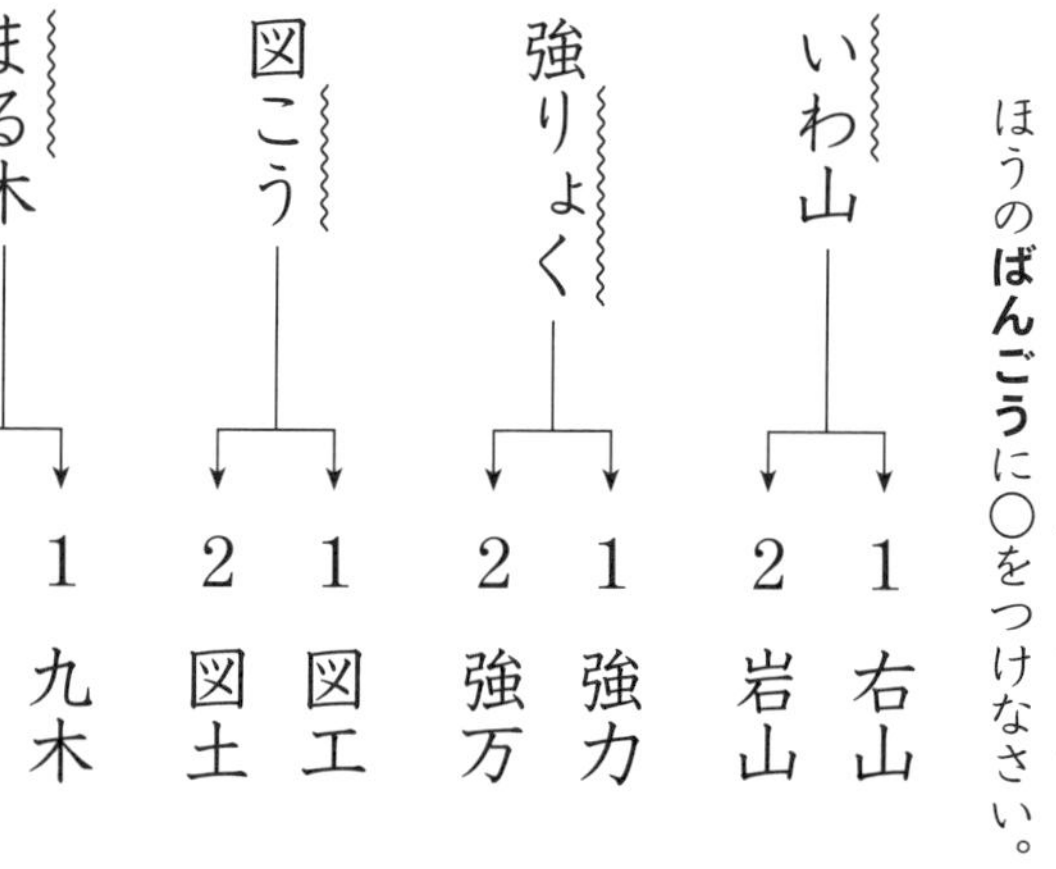

1 いわ山
1 右山
2 岩山

2 強りょく
1 強力
2 強万

3 図こう
1 図工
2 図土

4 まる木
1 九木
2 丸木

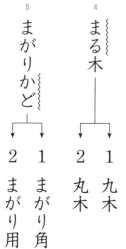

5 まがりかど
1 まがり角
2 まがり用

7 牛にゅうをコップに入れてのむ。

8 ぼく場に牛の赤ちゃんがいた。

9 ものさしで直線の長さをはかる。

10 げんかんの戸を直してもらう。

6 火せい → 1 火里　2 火星

## (七) □の中にれいのように**おなじなかま**の**漢字**を**かきなさい**。 (20) 2×10

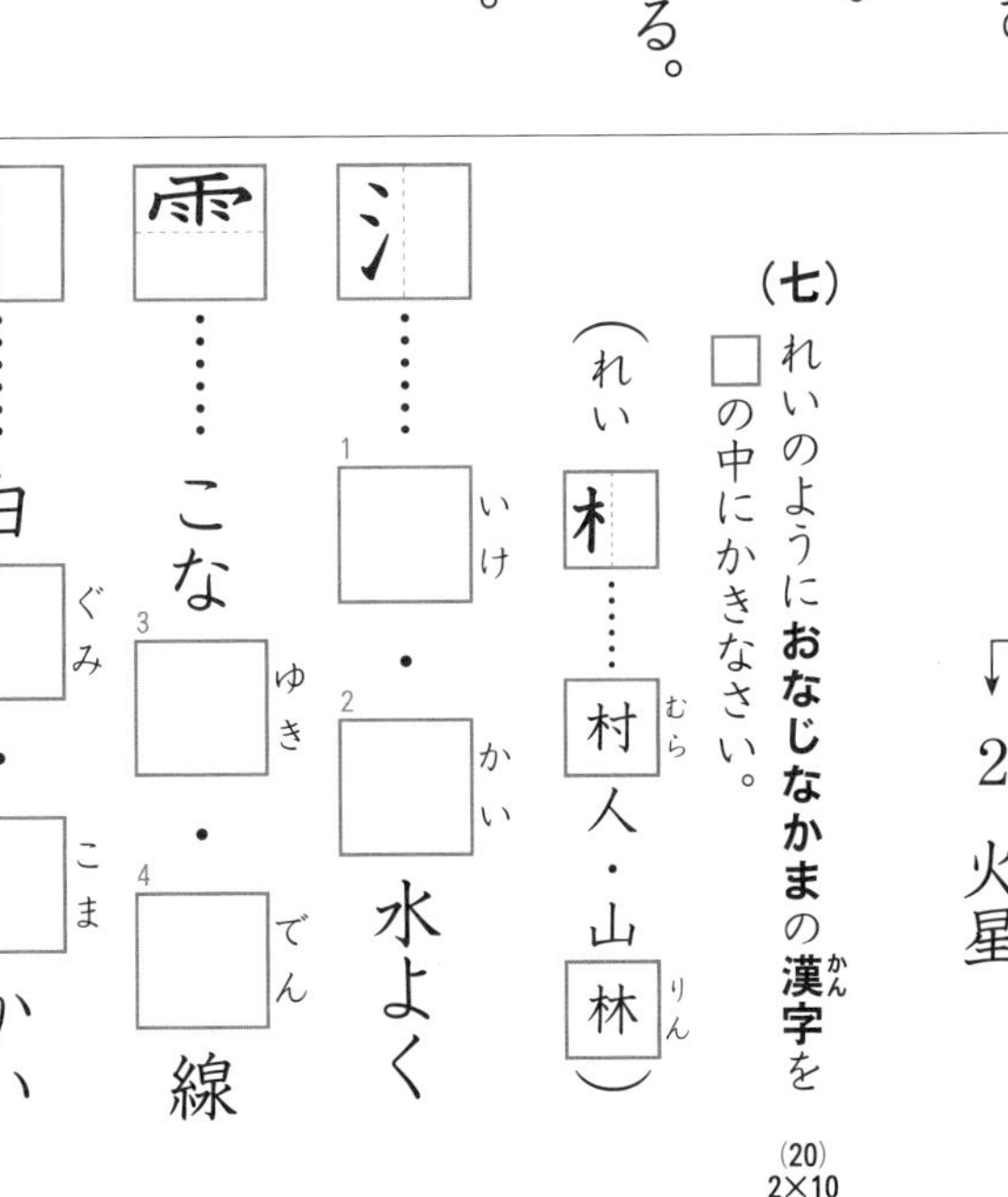

(れい) 木……村(むら)人・山林(りん)

氵……1□(いけ)・2□(かい)水よく

雨……こな3□(ゆき)・4□(でん)線

糸……白5□(ぐみ)・6□(こま)かい

艹……7□(ちゃ)色・8□(くさ)とり

儿……9□(きょう)弟・日の10□(ひかり)

12

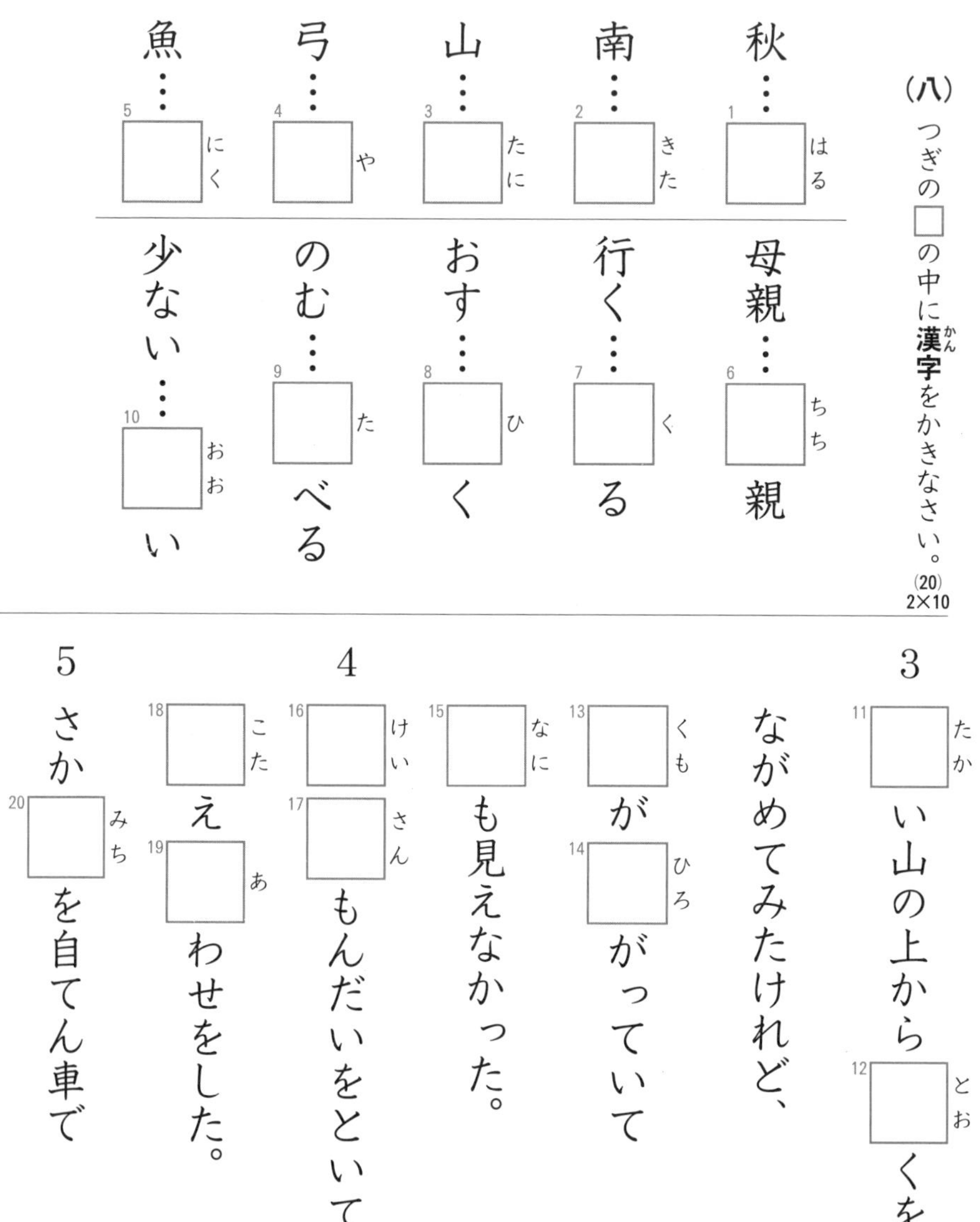

（八） つぎの□の中に漢字(かん)をかきなさい。 2×10 (20)

秋…1□(はる)

南…2□(きた)

山…3□(たに)

弓…4□(や)

魚…5□(にく)

母親…6□(ちち)親

行く…7□(く)る

おす…8□(ひ)く

のむ…9□(た)べる

少ない…10□(おお)い

---

3 11□(たか)い山の上から12□(とお)くをながめてみたけれど、13□(くも)が14□(ひろ)がっていて15□(なに)も見えなかった。

4 16□(けい)17□(さん)もんだいをといて18□(こた)え19□(あ)わせをした。

5 さか20□(みち)を自てん車で

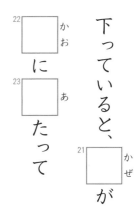

（九）つぎの文をよんで、□の中に漢字（かん）をかきなさい。　2×25 (50)

1　お正月には 1□（いえ）の 2□（ちか）くの 3□（ふる）いじんじゃに、大きなかどまつがかざられる。

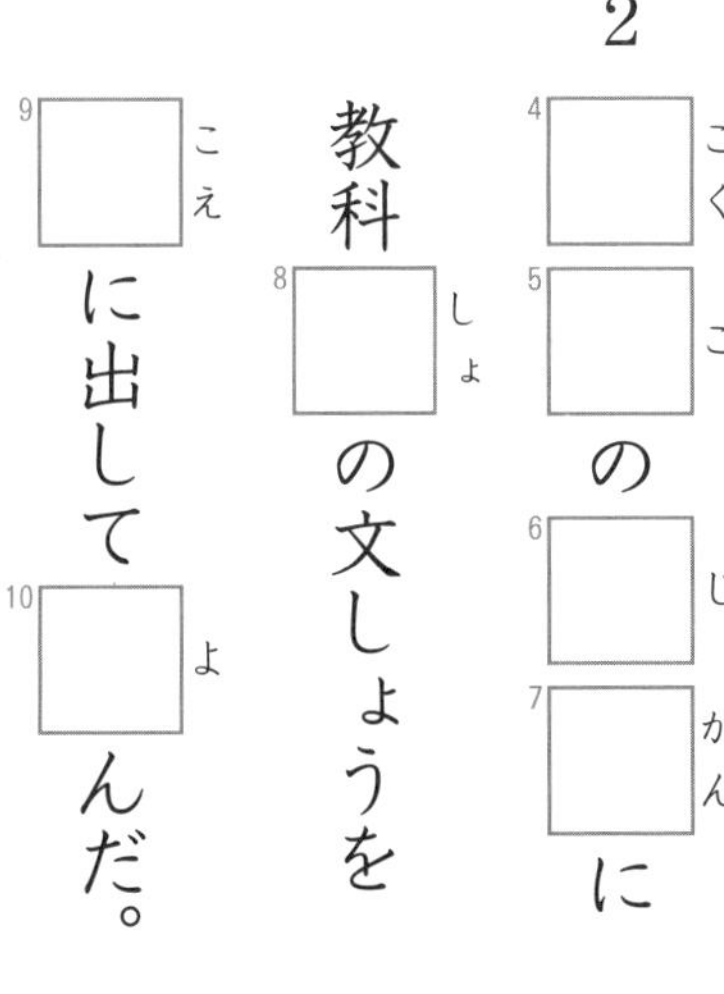

2　4□（こく）5□（ご）の 6□（じ）7□（かん）に教科 8□（しょ）の文しょうを 9□（こえ）に出して 10□（よ）んだ。

---

下っていると、21□（かぜ）が 22□（かお）に 23□（あ）たって気もちがよかった。

6　ゆうえん 24□（ち）で 25□（いもうと）といっしょにかんらん車にのった。

▼解答（かいとう）（こたえ）は別冊（べっさつ）46～49ページ

（一）つぎの——線の漢字の読みがなを——線の右に書きなさい。 (30) 1×30

1 雨にぬれたあじさいが美しい。

2 公園の中央に広場がある。

3 農家の人から新せんなトマトを買う。

4 店内に多くの品物がならんでいる。

5 教科書にのっている詩を音読した。

6 巣(す)から落ちたひな鳥を助ける。

7 ドアを軽くノックして部屋に入る。

8 ざっ草を根もとから引きぬく。

9 ひやした麦茶を水とうに注ぐ。

---

21 川にいる魚について研究した。

22 チームは期待どおり勝利(り)した。

23 走りつづけて息が苦しくなった。

24 太いつなを両方から引き合う。

25 石炭をもやして汽車が走る。

26 広い畑でさつまいもを育てる。

27 おかしの空き箱を工作に役立てる。

28 たきの水がいきおいよく流れ落ちる。

29 他人の意見に耳をかたむける。

10 体育の時間にサッカーをした。

11 ふろ上がりにジュースを飲む。

12 神社で祭りのたいこが鳴っている。

13 アンデルセンの童話を読む。

14 くもの糸が銀いろに光って見えた。

15 小川にかかる丸木の橋をわたる。

16 雲の間から太陽が顔を出す。

17 都会の大通りにビルが立ちならぶ。

18 電池をつなぐと豆電球がついた。

19 今日は予想したとおり、晴れた。

20 筆箱に新しいえん筆を入れる。

30 外国の大きな客船が港を出ていく。

(二) つぎの**漢字**の**太いところ**は、**何番め**に書きますか。〇の中に**数字**を書きなさい。 (10) 1×10

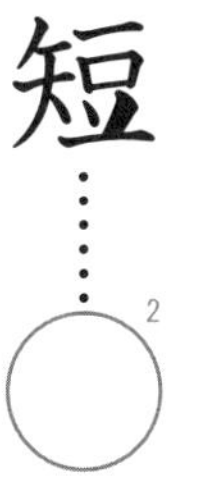
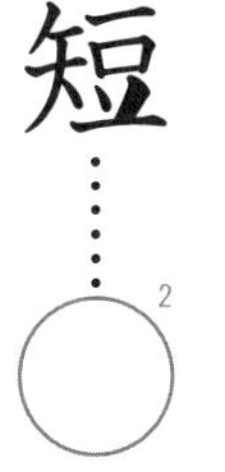
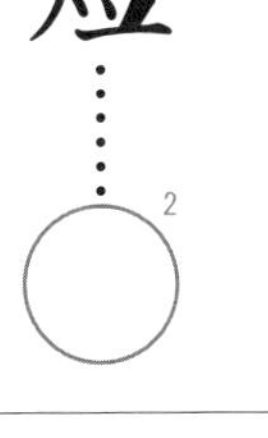
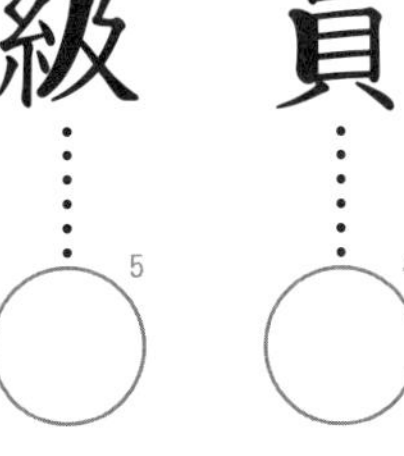

路 1 〇

短 2 〇

乗 3 〇

員 4 〇

級 5 〇

県 6 〇

速 7 〇

鉄 8 〇

着 9 〇

様 10 〇

(三) (　)の中に**漢字**を書いて、上と**はんたいのいみのことば**にしなさい。 (10) 2×5

せめる――1(まも)る

あさい――2(ふか)い

受ける――3(な)げる

始め――4(お)わり

さんせい――5(はん)対

(五) つぎの(　)の中に**漢字**を書きなさい。 (20) 2×10

学げい会のげきの練1(しゅう)をした。

午前九時に公園に2(しゅう)合した。

音楽に合わせて元気よく行3(しん)する。

遠足の写4(しん)をアルバムにはった。

体育5(かん)でドッジボールをした。

主人公の美しい心に6(かん)動した。

大きな客船で世7(かい)の国々を回る。

エレベーターで五8(かい)に上がる。

9(じ)回の大会では金メダルを目指す。

母は大切な用10(じ)で出かけている。

（四） おなじなかまの漢字を□の中に書きなさい。 (20) 2×10

くさかんむり（艹）…［1 に］物・［2 やっ］局

まだれ（广）…校［3 てい］・金［4 こ］

しんにょう しんにゅう（辶）…［5 あそ］び場・［6 はこ］ぶ

つちへん（土）…［7 さか］道・［8 じ］面

さんずい（氵）…ごま［9 あぶら］・［10 おん］度

---

（六） つぎの——線のカタカナを○の中の漢字とおくりがな（ひらがな）で□の中に書きなさい。 (10) 2×5

〈れい〉 大 オオキイ花がさく。 ［大きい］

1 開 教科書の三十ページをヒラク。 ［1］

2 味 しぼりたての牛にゅうをアジワウ。 ［2］

3 返 先週かりた本を友だちにカエス。 ［3］

4 曲 はり金をペンチでマゲル。 ［4］

5 平 ヒラタイ皿にやいた魚をのせる。 ［5］

(七) つぎの——線の**漢字**の**読みがな**を——線の**右**に書きなさい。 (10) 1×10

兄と同じ 1水泳 教室に通う。

くらげが 2泳ぐ様子をながめた。

一年間に 3身長が五センチのびた。

ゆでたまごの 4白身を食べる。

家族で 5相談して旅行先を決めた。

うでずもうで強い 6相手に勝った。

子ねこがぶじに生まれて 7安心した。

スーパーで 8安売りをしていた。

---

3 理科の時間に、いろいろな物の 5□(おも)さを 6□(しら)べた。

4 自分の考えを 7□(せい)理して文 8□(しょう)にまとめる。

5 ペンギンが一 9□(れつ)にならんで海に 10□(む)かって歩く。

6 きのう、歯 11□(い) 12□(しゃ)さんに虫歯をみてもらった。

テストで計算の ⁹実力（じつりょく） をためす。

うめの木に ¹⁰実（み） がいっぱいなっている。

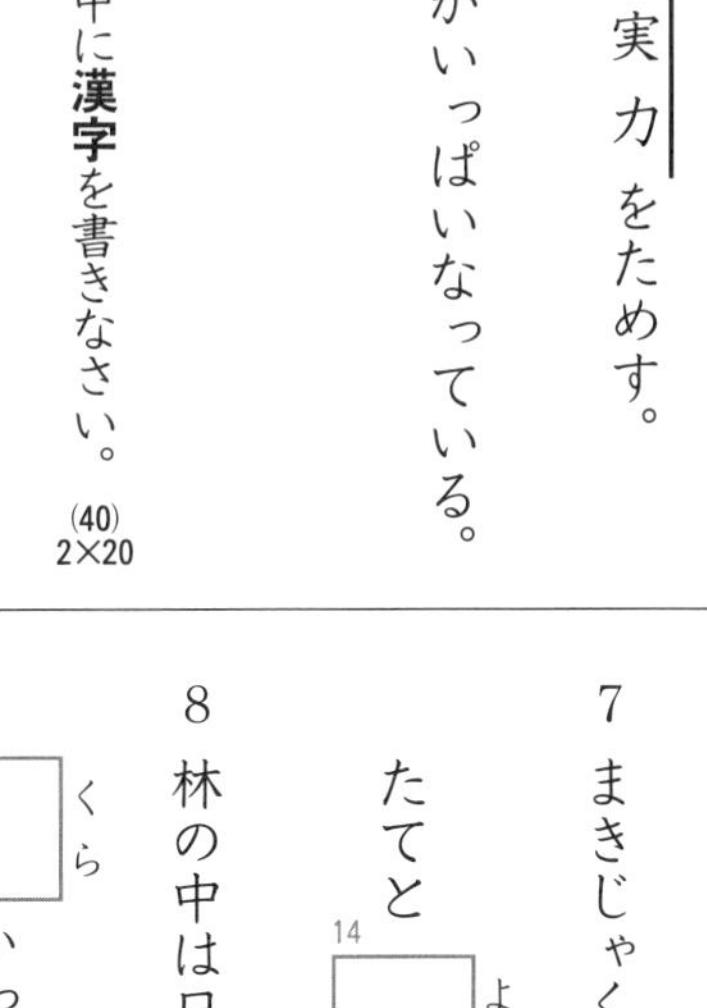

**（八）** つぎの□の中に**漢字**を書きなさい。 (40) 2×20

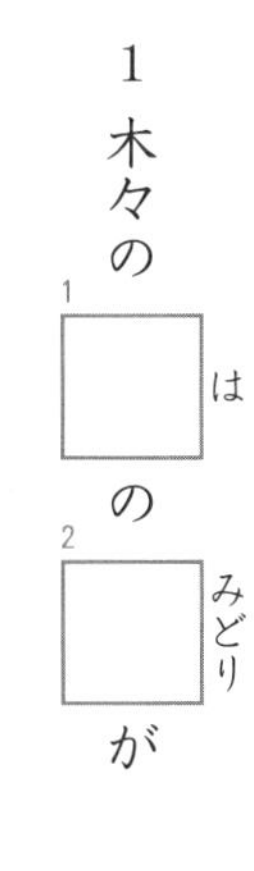

1 木々の［1 は］の［2 みどり］がこくなってきた。

2 きょうりゅうの歯の［3 か］石が［4 はっ］見された。

7 まきじゃくを使って黒［13 ばん］のたてと［14 よこ］の長さをはかる。

8 林の中は日当たりが［15 わる］くて［16 くら］かった。

9 家に帰ってすぐに［17 しゅく］［18 だい］の漢字ドリルをした。

10 わたしの［19 す］んでいる町には［20 ゆう］名な寺がある。

▼解答（こたえ）は別冊54～57ページ

## ●この本に関するアンケート●

今後の出版事業に役立てたいと思いますので、アンケートにご協力ください。抽選で粗品をお送りします。

◆PC・スマートフォンの場合

下記 URL、または二次元コードから回答画面に進み、画面の指示に従ってお答えください。

https://www.kanken.or.jp/kanken/textbook/past.html

◆愛読者カード（ハガキ）の場合

この本に挟み込んでいるハガキに切手をはり、お送りください。


漢検 9級 過去問題集

2024年3月25日　第1版第2刷　発行

編　者　公益財団法人 日本漢字能力検定協会

発行者　山崎　信夫

印刷所　大日本印刷株式会社

発行所　公益財団法人 日本漢字能力検定協会

〒605-0074 京都市東山区祇園町南側551番地

☎(075)757-8600

ホームページhttps://www.kanken.or.jp/





ISBN978-4-89096-496-3 C0081

公益財団法人 日本漢字能力検定協会

# 漢検過去問題集

# 標準解答（こたえ）

# 9級

もくじ

9級



別冊

本体からはなしてお使いください。

漢検 公益財団法人 日本漢字能力検定協会

700496 (1-2)

# 9級 しけんもんだい 1 標準解答（こたえ）【本冊18～23ページ】

（一）つぎの文をよんで、――せんの漢字のよみがなを――せんの右にかきなさい。(22) 1×22

1 こんどのお楽（1 たの）しみ会（2 かい）で何を歌（3 うた）うか、グループごとに話（4 はな）し合った。

2 ぼくは今週（5 こんしゅう）、きゅう食（6 しょく）の当番（7 とうばん）だ。今日は牛（8 ぎゅう）にゅうをみんなにくばった。

3 朝（9 あさ）、早くおきて、姉（10 あね）と二人でラジオ体（11 たい）そうをした。

（二）つぎの漢字のふといところはなんばんめにかきますか。○の中にすう字をかきなさい。(10) 1×10

| | | | | |
|---|---|---|---|---|
| 少…1 ② | 語…2 ⑪ | 場…3 ⑩ | 京…4 ⑥ | 米…5 ③ |
| 電…6 ⑬ | 戸…7 ④ | 活…8 ⑨ | 北…9 ⑤ | 顔…10 ⑱ |

合格者平均得点 9.1/10

（三）□にひらがなを一字かいて、つぎのことばのよみをこたえなさい。(8) 1×8

（れい　左右……さ［ゆ］う）

丸太……ま 1［る］た

（五）つぎの文をよんで、――せんの漢字のよみがなを――せんの右にかきなさい。(10) 1×10

りょこうの計画（1 けいかく）を立てる。

五十メートル走のタイムを計（2 はか）る。

えきの中に売店（3 ばいてん）があった。

おもちゃの売（4 う）り場をさがす。

へやに太（5 たい）ようの光がさしこむ。

二本の木の太（6 ふと）さをくらべた。

4 [12]海(うみ)や川にすむ生きものを
[13]図(ず)かんでしらべる。

5 [14]昼休(ひるやす)みに校ていで[15]友(とも)だちと
あそんでいると、きゅうに[16]黒(くろ)い
[17]雲(くも)が空に[18]広(ひろ)がり、大つぶの
雨がふってきた。

6 [19]弟(おとうと)といっしょに[20]紙(かみ)ひこうきを
[21]作(つく)って、[22]原(はら)っぱでとばした。

合格者平均得点 21.4 / 22

---

谷川……た [2]に がわ

読書……ど [3]く [4]し ょ

風船……[5]ふ う [6]せ ん

三角形…さん [7]か くけ [8]い

合格者平均得点 7.8 / 8

---

（四） ○のところは、**はねるか、とめるか、**正しいかきかたで○の中にかきなさい。 (4) 1×4

（れい 字○→字○ 下○→下○）

1 まどの外○

2 つな引○き

3 心○細い

4 白い羽○

合格者平均得点 4.0 / 4

---

母が[7]新聞(しんぶん)を読んでいる。
[8]新(あたら)しいくつをはいて出かけた。

もらった人形を[9]大切(たいせつ)にする。
ほうちょうで野さいを[10]切(き)る。

合格者平均得点 9.3 / 10

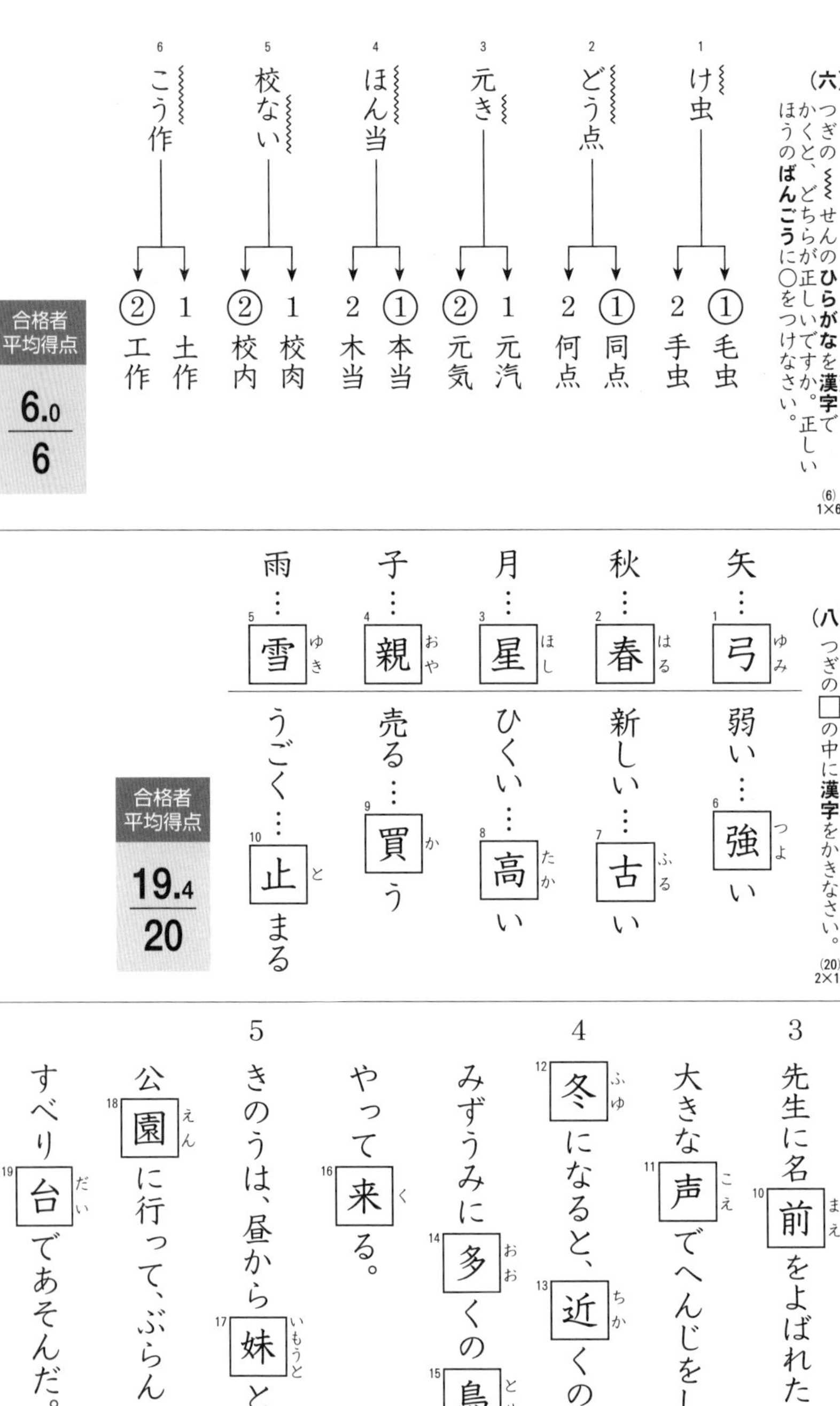

（六）つぎの～～せんの**ひらがな**を**漢字**でかくと、どちらが正しいですか。正しいほうの**ばんごう**に○をつけなさい。 (6) 1×6

1 け虫 ①毛虫 2手虫
2 どう点 ①同点 2何点
3 元き 1元汽 ②元気
4 ほん当 ①本当 2木当
5 校ない 1校肉 ②校内
6 こう作 1土作 ②工作

合格者平均得点 6.0/6

（八）つぎの□の中に**漢字**をかきなさい。 (20) 2×10

1 矢…弓（ゆみ） 6 弱い…強（つよ）い
2 秋…春（はる） 7 新しい…古（ふる）い
3 月…星（ほし） 8 ひくい…高（たか）い
4 子…親（おや） 9 売る…買（か）う
5 雨…雪（ゆき） 10 うごく…止（と）まる

合格者平均得点 19.4/20

3 先生に名10前（まえ）をよばれたので大きな11声（こえ）でへんじをした。
4 12冬（ふゆ）になると、13近（ちか）くのみずうみに14多（おお）くの15鳥（とり）がやって16来（く）る。
5 きのうは、昼から17妹（いもうと）と18公園（えん）に行って、ぶらんこやすべり19台（だい）であそんだ。

（七）れいのようにおなじなかまの漢字を□の中にかきなさい。 (20) 2×10

（れい　木……村人・山林）

日……月 1 曜日・2 明るい

竹……3 算数・4 答え

辶……交 5 通・6 遠い

囗……7 回る・南の 8 国

糸……赤 9 組・10 絵のぐ

合格者平均得点 18.8/20

（九）つぎの文をよんで、□の中に漢字をかきなさい。 (50) 2×25

1　山 1 道を 2 歩いているとき 3 岩のそばに 4 黄 5 色い花がさいているのを見つけた。

2　6 午 7 後七時ごろ、8 父が会社から 9 帰ってきた。

6　ものさしで、いろいろな 20 直 21 線の 22 長さをはかる。

7　休み時間に、六年生の人が竹 23 馬ののり 24 方を 25 教えてくれた。

学習した日　月　日　／150

合格者平均得点 46.7/50

（一）つぎの文をよんで、――せんの漢字のよみがなを――せんの右にかきなさい。 (22) 1×22

1 おまわりさんが学校に来（1 き）て交通（2 こうつう）ルールをわかりやすく教（3 おし）えてくれた。

2 どうぶつ園（4 えん）のかばが大きな口をあけて、すいかを丸（5 まる）ごと食（6 た）べていた。

3 お兄（7 にい）さんは、鳴（8 な）き声を聞（9 き）いただけで、鳥（10 とり）の名まえを

（二）つぎの漢字のふといところはなんばんめにかきますか。〇の中にすう字をかきなさい。 (10) 1×10

形……1 ③
来……2 ⑤
思……3 ⑧
京……4 ⑦
教……5 ⑨
雲……6 ⑫
食……7 ⑨
新……8 ⑬
用……9 ⑤
細……10 ⑪

合格者平均得点 8.9/10

（三）□にひらがなを一字かいて、つぎのことばのよみをこたえなさい。 (8) 1×8

（れい 左右……さ[ゆ]う）

雨雲……1 [あ]まぐも

（五）つぎの文をよんで、――せんの漢字のよみがなを――せんの右にかきなさい。 (10) 1×10

はじめて新（1 しん）かん線にのった。
新（2 あたら）しいくつをはいて出かける。

あたたかい毛（3 もう）ふにくるまる。
毛糸（4 けいと）であやとりをする。

兄は親友（5 しんゆう）と魚つりに行った。
友（6 とも）だちとのやくそくをまもる。

言（11 い）うことができる。

4 近（12 ちか）くのじんじゃに、白い馬（13 うま）を
えがいた古い絵（14 え）がある。

5 図工（15 ずこう）の時間に作（16 つく）った船（17 ふね）を
おふろでうかべた。

6 夏休（18 なつやす）みのすごし方（19 かた）について
お母（20 かあ）さんといっしょに考（21 かんが）え、
計画（22 けいかく）を立てた。

合格者平均得点 21.5／22

---

草原……そ［2 う］げ［3 ん］

半年……［4 は］んと［5 し］

正直……しょうじ［6 き］

大雪……［7 お］お［8 ゆ］き

合格者平均得点 7.8／8

---

**（四）** ○のところは、**はねるか、とめるか、**正しいかきかたで○の中にかきなさい。 (4) 1×4

（れい　字○→字　下○→下）

1 弓○と矢

2 まどの外○

3 内○がわ

4 汽○車

合格者平均得点 3.9／4

---

おばあさんに電話（7 でんわ）をかけた。
みんなで話（8 はな）し合ってきめる。

画用紙（9 がようし）にクレヨンで絵をかく。
「ももたろう」の紙（10 かみ）しばいを見た。

合格者平均得点 9.4／10

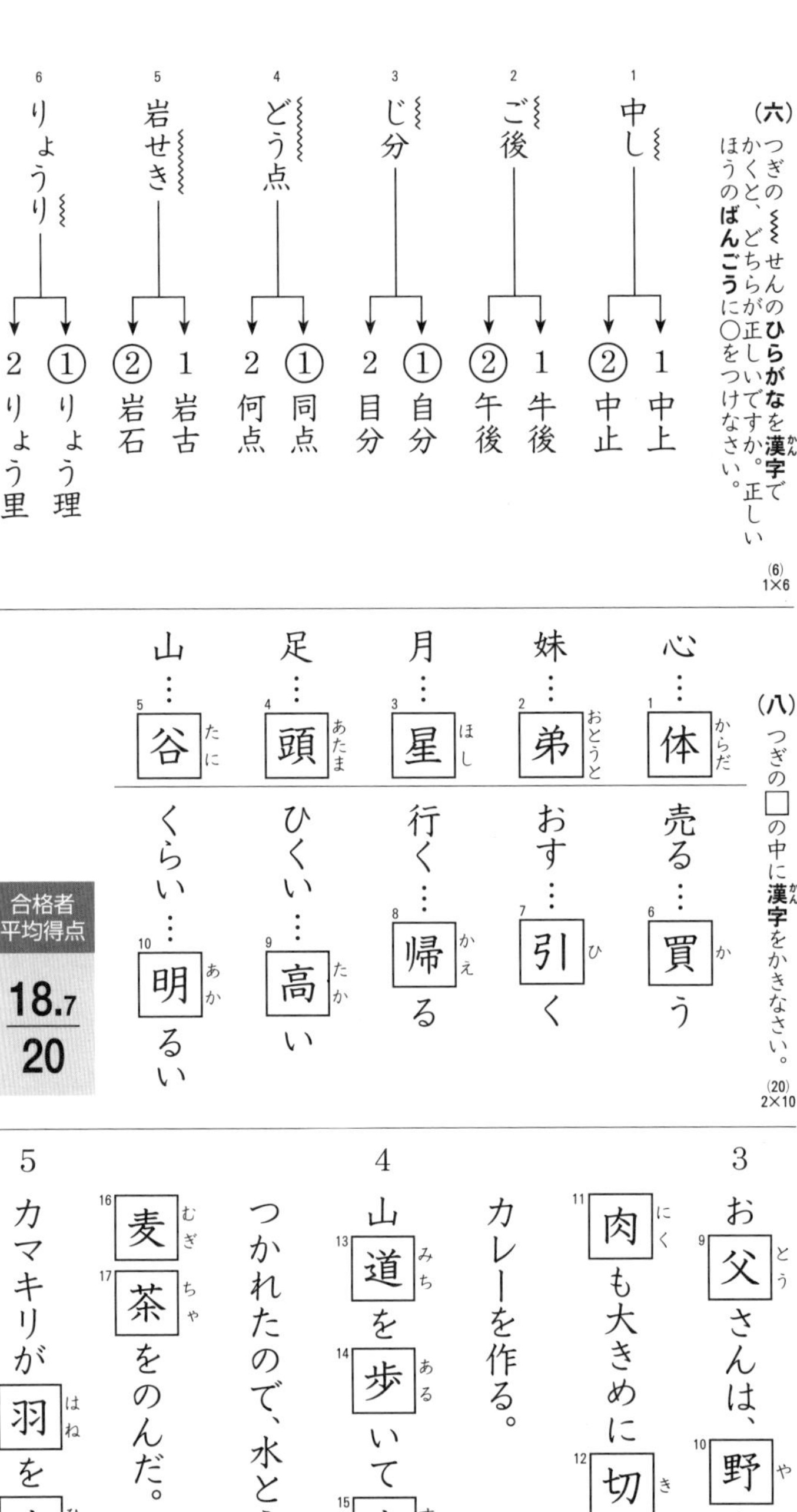

**(六)** つぎの〰せんの**ひらがな**を**漢字**でかくと、どちらが正しいですか。正しいほうの**ばんごう**に○をつけなさい。（6）1×6

1 中し → 1 中上　②中止

2 ご後 → 1 牛後　②午後

3 じ分 → ①自分　2 目分

4 どう点 → ①同点　2 何点

5 岩せき → 1 岩古　②岩石

6 りょうり → ①りょう理　2 りょう里

合格者平均得点 6.0 / 6

**(八)** つぎの□の中に**漢字**をかきなさい。（20）2×10

1 心…体（からだ）

2 妹…弟（おとうと）

3 月…星（ほし）

4 足…頭（あたま）

5 山…谷（たに）

6 売る…買（か）う

7 おす…引（ひ）く

8 行く…帰（かえ）る

9 ひくい…高（たか）い

10 くらい…明（あか）るい

合格者平均得点 18.7 / 20

3 お[9]父（とう）さんは、[10]野（や）さいも[11]肉（にく）も大きめに[12]切（き）ってカレーを作る。

4 山[13]道（みち）を[14]歩（ある）いて[15]少（すこ）しつかれたので、水とうの[16]麦（むぎ）[17]茶（ちゃ）をのんだ。

5 カマキリが[18]羽（はね）を[19]広（ひろ）げたところを見た。

（七）れいのように**おなじなかま**の**漢字**（かん じ）を□の中にかきなさい。 (20) 2×10

（れい　木……村（むら）人・山林（りん））

回……1 国（こく）語・2 回（まわ）す

土……大3 地（ち）・すな4 場（ば）

辶……先5 週（しゅう）・6 遠（えん）足

禾……7 秋（あき）空・生活8 科（か）

儿……9 元（げん）気・日の10 光（ひかり）

合格者平均得点 19.0／20

（九）つぎの文をよんで、□の中に**漢字**（かん じ）をかきなさい。 (50) 2×25

1 1 算（さん）2 数（すう）の時間に先生が文しょうもんだいを3 黒（こく）ばんに4 書（か）いた。

2 見晴らし5 台（だい）にのぼると6 黄（き）7 色（いろ）いひまわりばたけのむこうに青い8 海（うみ）が見えた。

6 20 風（かぜ）が21 強（つよ）くなる22 前（まえ）にベランダのうえ木ばちを23 家（いえ）の中に入れた。

7 24 姉（あね）は25 毎（まい）日、ピアノのれんしゅうをしている。

合格者平均得点 46.6／50

学習した日　月　日

／150

## 9級 しけんもんだい 3 標準解答（こたえ）【本冊30〜35ページ】

**(一)** つぎの文をよんで、——せんの**漢字**の**よみがな**を——せんの**右**にかきなさい。 (22) 1×22

1 学校から帰(1 かえ)ってすぐに公園(2 こうえん)へ行き、友(3 とも)だちとあそんだ。

2 ヨットが南(4 みなみ)からの風(5 かぜ)にのって、海(6 うみ)の上をすすむ。

3 人形(7 にんぎょう)のセーターを細(8 ほそ)い毛糸(9 けいと)であんでもらった。

4 五頭(10 ごとう)のらくだが一れつにならんで、さばくを歩(11 ある)く。

**(二)** つぎの**漢字**の**ふといところ**は**なんばんめ**にかきますか。○の中に**すう字**をかきなさい。 (10) 1×10

| | | | | |
|---|---|---|---|---|
| 直 …… 1 ⑤ | 走 …… 2 ④ | 画 …… 3 ⑦ | 市 …… 4 ③ | 当 …… 5 ① |
| 来 …… 6 ⑦ | 原 …… 7 ⑩ | 知 …… 8 ⑧ | 弟 …… 9 ⑦ | 雲 …… 10 ⑫ |

**(三)** □に**ひらがな**を**一字**かいて、つぎの**ことば**の**よみ**をこたえなさい。 (8) 1×8

（れい 左右 …… さ[ゆ]う）

小麦 …… こむ 1 [ぎ]

合格者平均得点 9.3/10

**(五)** つぎの文をよんで、——せんの**漢字**の**よみがな**を——せんの**右**にかきなさい。 (10) 1×10

きゅう食(1 しょく)に魚のフライが出た。
おやつにいちごを食(2 た)べた。

水道(3 すいどう)の水をコップに入れる。
道(4 みち)ばたに白い花がさいていた。

へやですきな音楽(5 おんがく)を聞く。
山でのキャンプが楽(6 たの)しかった。

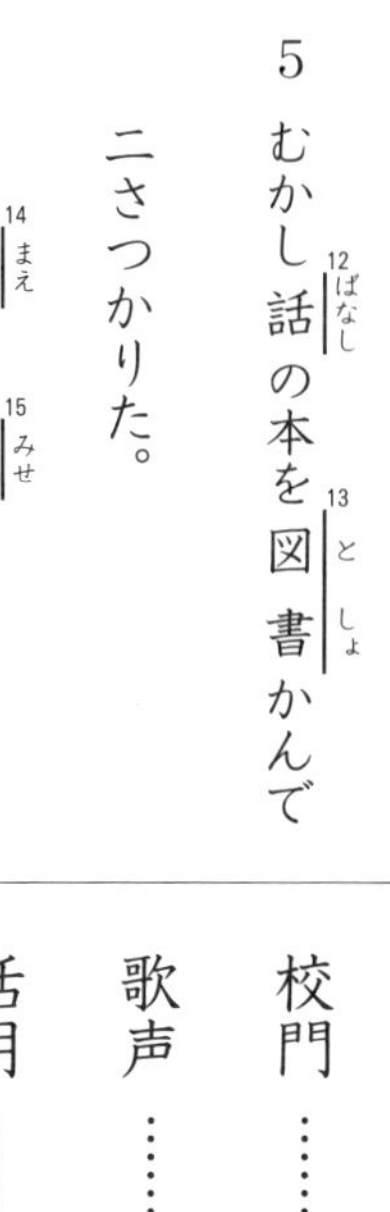

5 むかし話（ばなし）[12]の本を図書（としょ）[13]かんで二さつかりた。

6 えき前（まえ）[14]のお店（みせ）[15]で、青い半（はん）[16]そでのシャツを買（か）[17]った。

7 お母（かあ）[18]さんは、毎朝（まいあさ）[19]、「体（からだ）[20]にとてもいいのよ。」と言（い）[21]って、野（や）[22]さいジュースをつくってくれる。

合格者平均得点 21.2／22

---

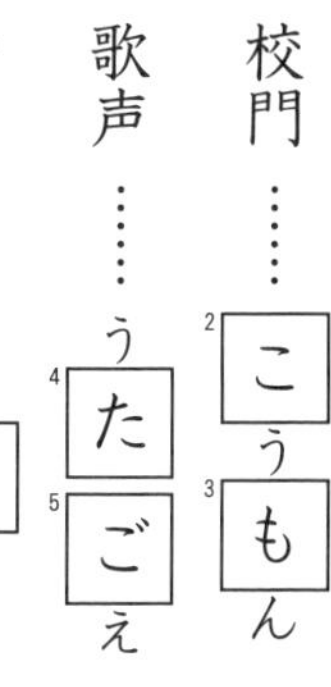
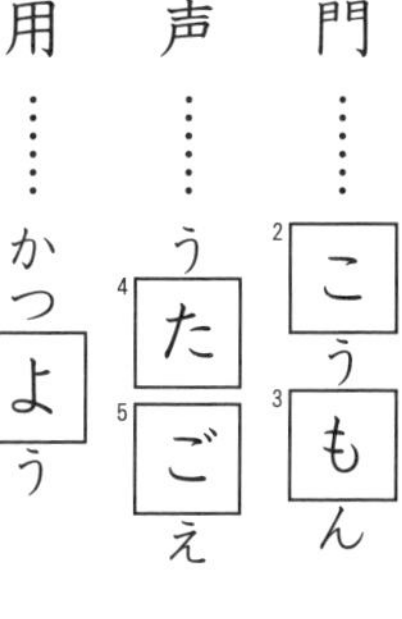

校門……[2]こ う [3]も ん

歌声……う [4]た [5]ご え

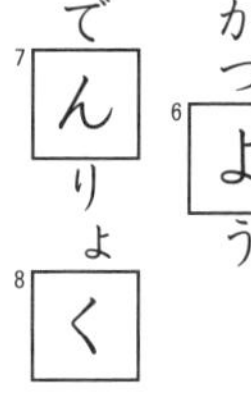

活用……か つ [6]よ う

電力……で [7]ん り ょ [8]く

合格者平均得点 7.8／8

**（四）** ○のところは、**はねるか、とめるか、**正しいかきかたで○の中にかきなさい。 (4) 1×4

（れい 字○→字○ 下○→下○）

1 よい考○え

2 汽○車

3 手作○り

4 やき肉○

合格者平均得点 3.9／4

---

今週（こんしゅう）[7]の金曜日に遠足がある。

今（いま）[8]、ちょうど八時だ。

船長（せんちょう）[9]さんとあく手をした。

みずうみをめぐる船（ふね）[10]にのった。

合格者平均得点 9.7／10

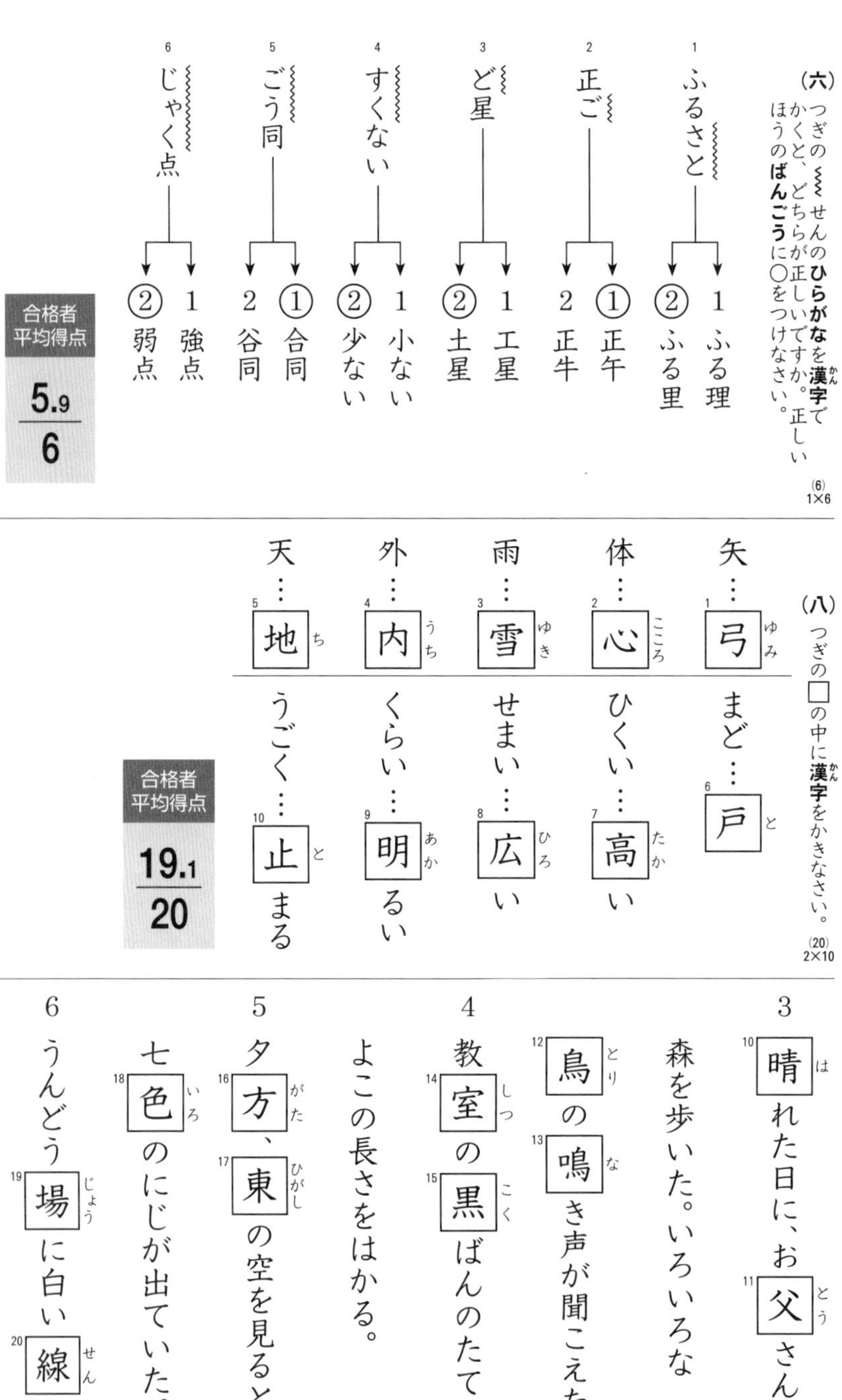

（六）つぎの〰〰せんのひらがなを漢字でかくと、どちらが正しいですか。正しいほうのばんごうに〇をつけなさい。 (6) 1×6

1 ふるさと　1 ふる理　②ふる里

2 正ご　①正午　2 正牛

3 ど星　1 工星　②土星

4 すくない　1 小ない　②少ない

5 ごう同　①合同　2 谷同

6 じゃく点　1 強点　②弱点

合格者平均得点 5.9／6

（八）つぎの□の中に漢字をかきなさい。 (20) 2×10

矢…1 弓（ゆみ）　まど…6 戸（と）

体…2 心（こころ）　ひくい…7 高（たか）い

雨…3 雪（ゆき）　せまい…8 広（ひろ）い

外…4 内（うち）　くらい…9 明（あか）るい

天…5 地（ち）　うごく…10 止（と）まる

合格者平均得点 19.1／20

3 10 晴（は）れた日に、お 11 父（とう）さんと森を歩いた。いろいろな 12 鳥（とり）の 13 鳴（な）き声が聞こえた。

4 教 14 室（しつ）の 15 黒（こく）ばんのたてとよこの長さをはかる。

5 夕 16 方（がた）、17 東（ひがし）の空を見ると七 18 色（いろ）のにじが出ていた。

6 うんどう 19 場（じょう）に白い 20 線（せん）を

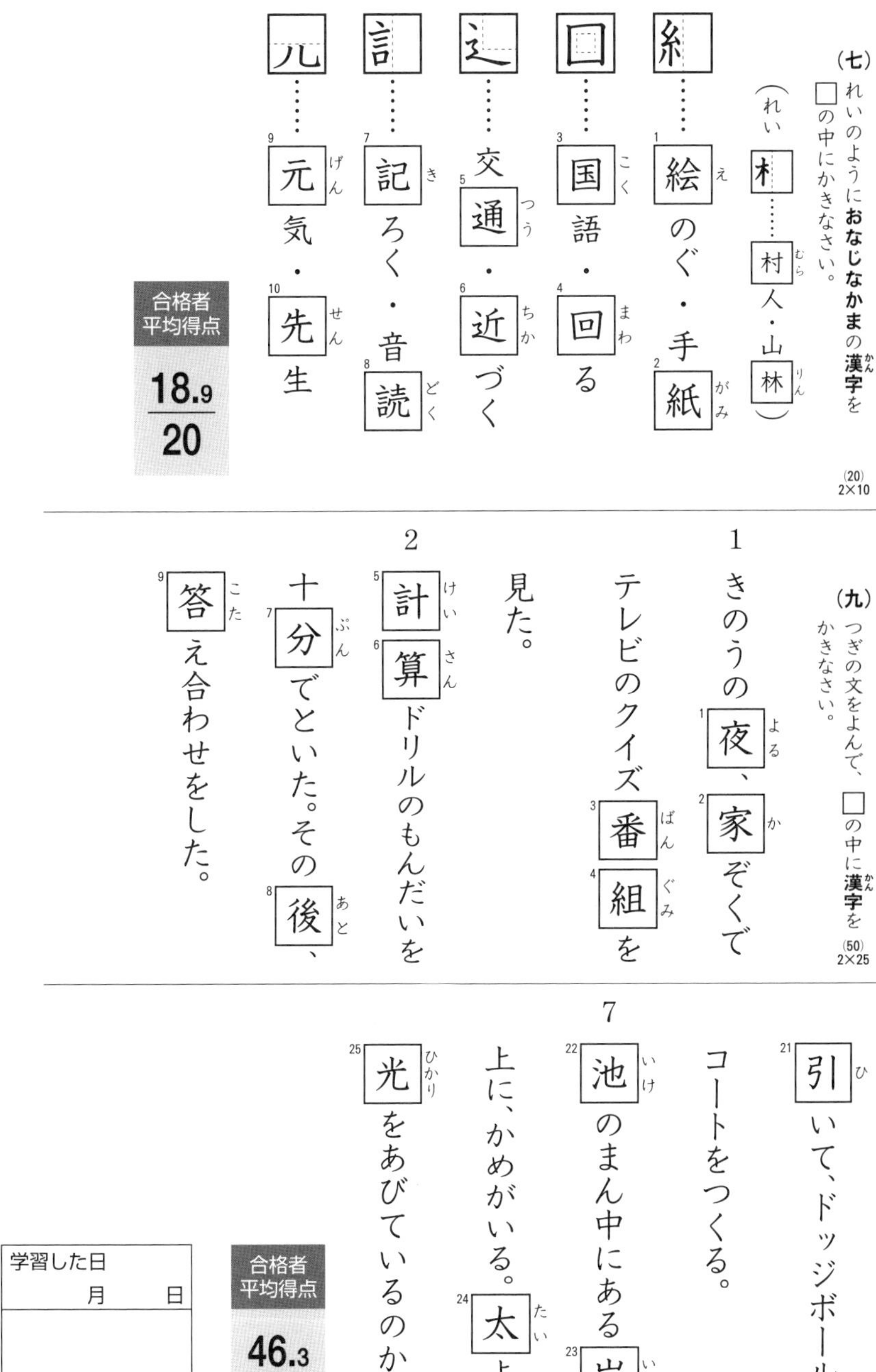

（七）れいのように**おなじなかま**の**漢字**（かん）を□の中にかきなさい。 (20) 2×10

（れい　木……村（むら）人・山林（りん））

糸……1 絵（え）のぐ・手 2 紙（がみ）

口……3 国（こく）語・4 回（まわ）る

辶……交 5 通（つう）・6 近（ちか）づく

言……7 記（き）ろく・音 8 読（どく）

儿……9 元（げん）気・10 先（せん）生

合格者平均得点 18.9/20

（九）つぎの文をよんで、□の中に**漢字**（かん）をかきなさい。 (50) 2×25

1 きのうの 1 夜（よる）、2 家（か）ぞくでテレビのクイズ 3 番（ばん）4 組（ぐみ）を見た。

2 5 計（けい）6 算（さん）ドリルのもんだいを十 7 分（ぶん）でといた。その 8 後（あと）、9 答（こた）え合わせをした。

7 21 引（ひ）いて、ドッジボールのコートをつくる。22 池（いけ）のまん中にある 23 岩（いわ）の上に、かめがいる。24 太（たい）ようの 25 光（ひかり）をあびているのかな。

合格者平均得点 46.3/50

学習した日　月　日

/150

9級 しけんもんだい 4 標準解答（こたえ）【本冊36～41ページ】

（一）つぎの文をよんで、――せんの漢字のよみがなを――せんの右にかきなさい。 (22) 1×22

1 明日の遠足（1 えんそく）のもちものを先生が黒（2 こく）ばんに書（3 か）いた。

2 わたしのへやは南（4 みなみ）むきで日がよく当（5 あ）たる。

3 お兄（6 にい）さんが作（7 つく）ってくれた紙（8 かみ）ひこうきは、風（9 かぜ）にのって遠くまでとんだ。

4 友（10 とも）だちと公園（11 こうえん）であそんで

（二）つぎの漢字のふといところはなんばんめにかきますか。○の中にすう字をかきなさい。 (10) 1×10

| 形 | 門 | 丸 | 戸 | 遠 |
|---|---|---|---|---|
| 1 ②| 2 ⑥ | 3 ① | 4 ③ | 5 ⑪ |

| 冬 | 東 | 鳥 | 牛 | 記 |
|---|---|---|---|---|
| 6 ⑤ | 7 ⑧ | 8 ⑪ | 9 ④ | 10 ⑩ |

合格者平均得点 9.0/10

（三）□にひらがなを一字かいて、つぎのことばのよみをこたえなさい。 (8) 1×8

（れい 左右……さ［ゆ］う）

来年……ら［1 い］［2 ね］ん

（五）つぎの文をよんで、――せんの漢字のよみがなを――せんの右にかきなさい。 (10) 1×10

校長（1 こうちょう）先生にろう下で出会った。かみの毛を長（2 なが）くのばす。

パンと野（3 や）さいサラダを食べた。野（4 の）はらに白い花がさいている。

五十メートル走（5 そう）で一番だった。おにごっこをして走（6 はし）り回る。

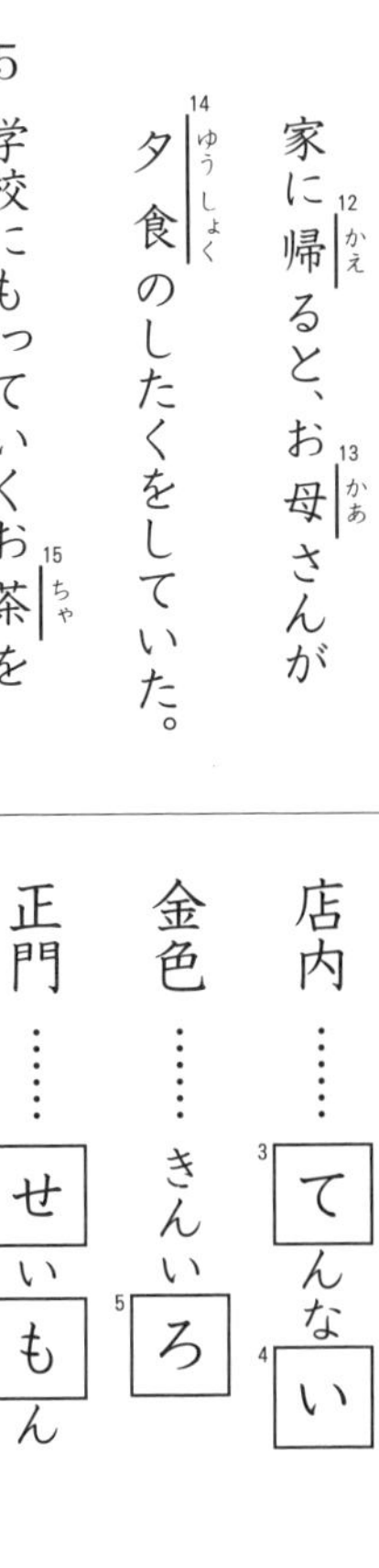

家に帰[12 かえ]ると、お母[13 かあ]さんが
夕食[14 ゆうしょく]のしたくをしていた。

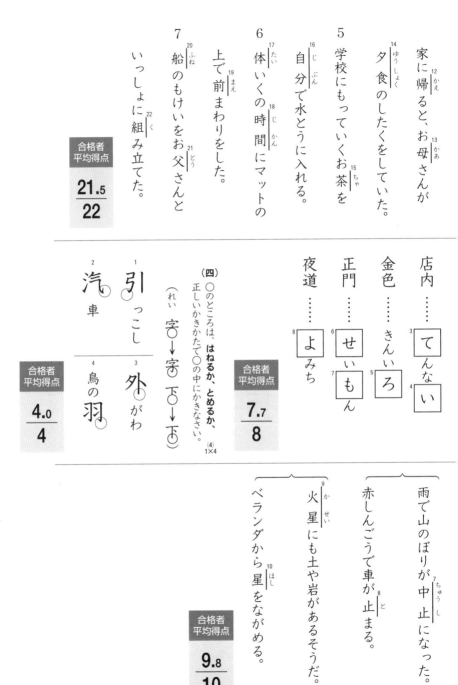

5 学校にもっていくお茶[15 ちゃ]を
自分[16 じぶん]で水とうに入れる。

6 体[17 たい]いくの時間[18 じかん]にマットの
上で前[19 まえ]まわりをした。

7 船[20 ふね]のもけいをお父[21 とう]さんと
いっしょに組[22 く]み立てた。

合格者平均得点 21.5/22

店内……[3 て]んな[4 い]

金色……きんい[5 ろ]

正門……[6 せ]い[7 も]ん

夜道……[8 よ]みち

合格者平均得点 7.7/8

**(四)** ○のところは、**はねるか、とめるか、**正しいかきかたで○の中にかきなさい。 (4) 1×4

（れい　字○→字　下○→下）

1 引○っこし

2 汽○車

3 外○がわ

4 鳥の羽○

合格者平均得点 4.0/4

雨で山のぼりが中止[7 ちゅうし]になった。
赤しんごうで車が止[8 と]まる。

火星[9 かせい]にも土や岩があるそうだ。
ベランダから星[10 ほし]をながめる。

合格者平均得点 9.8/10

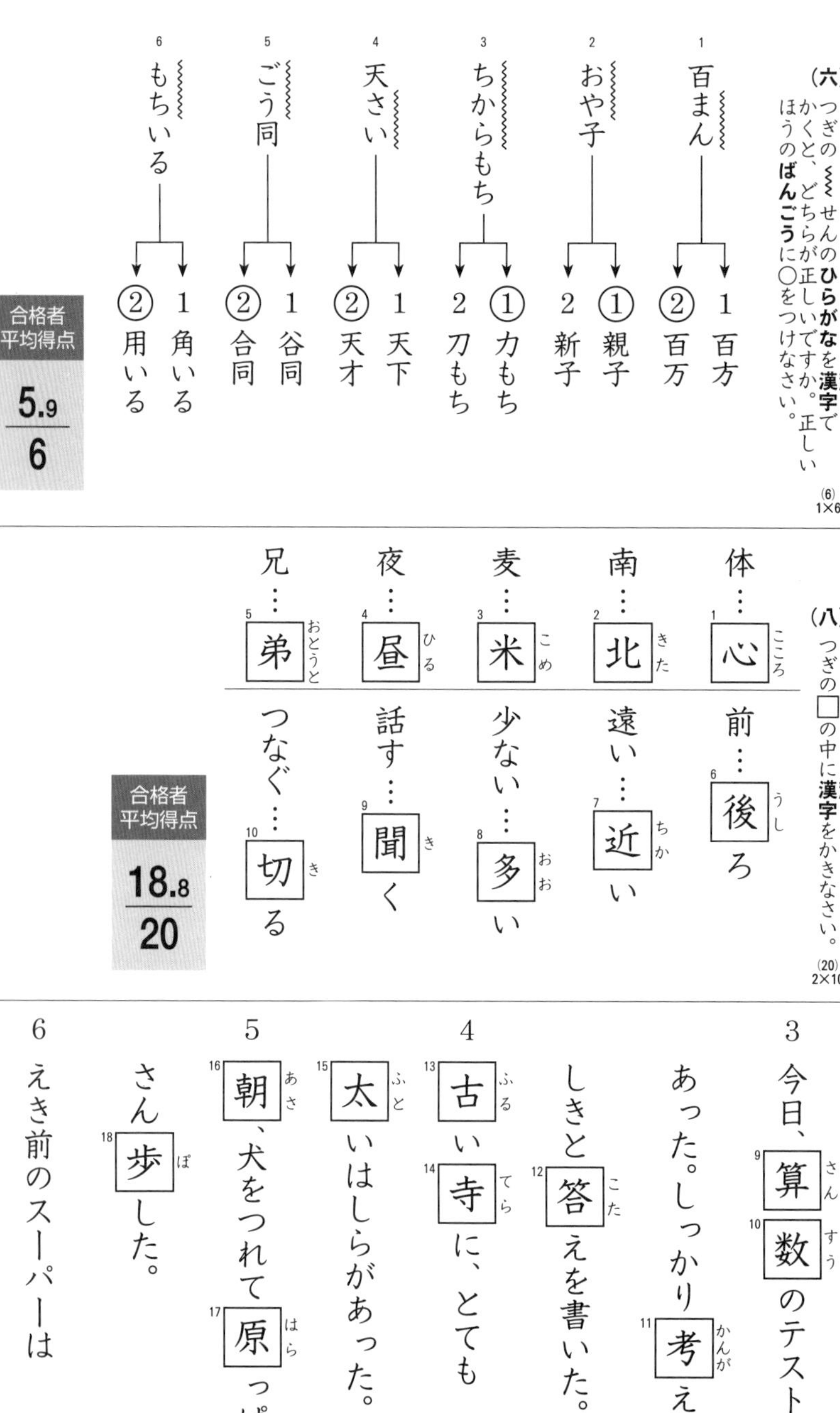

（六） つぎの〰〰せんのひらがなを漢字(かんじ)でかくと、どちらが正しいですか。正しいほうのばんごうに○をつけなさい。 (6) 1×6

1 百まん → 1 百方 ② 百万

2 おや子 → ① 親子 2 新子

3 ちからもち → ① 力もち 2 刀もち

4 天さい → 1 天下 ② 天才

5 ごう同 → 1 谷同 ② 合同

6 もちいる → 1 角いる ② 用いる

合格者平均得点 5.9/6

（八） つぎの□の中に漢字(かんじ)をかきなさい。 (20) 2×10

1 体…心(こころ)　2 南…北(きた)　3 麦…米(こめ)　4 夜…昼(ひる)　5 兄…弟(おとうと)

6 前…後(うし)ろ　7 遠い…近(ちか)い　8 少ない…多(おお)い　9 話す…聞(き)く　10 つなぐ…切(き)る

合格者平均得点 18.8/20

3 今日、9 算(さん)10 数(すう)のテストがあった。しっかり11 考(かんが)えてしきと12 答(こた)えを書いた。

4 13 古(ふる)い14 寺(てら)に、とても15 太(ふと)いはしらがあった。

5 16 朝(あさ)、犬をつれて17 原(はら)っぱをさん18 歩(ぽ)した。

6 えき前のスーパーは

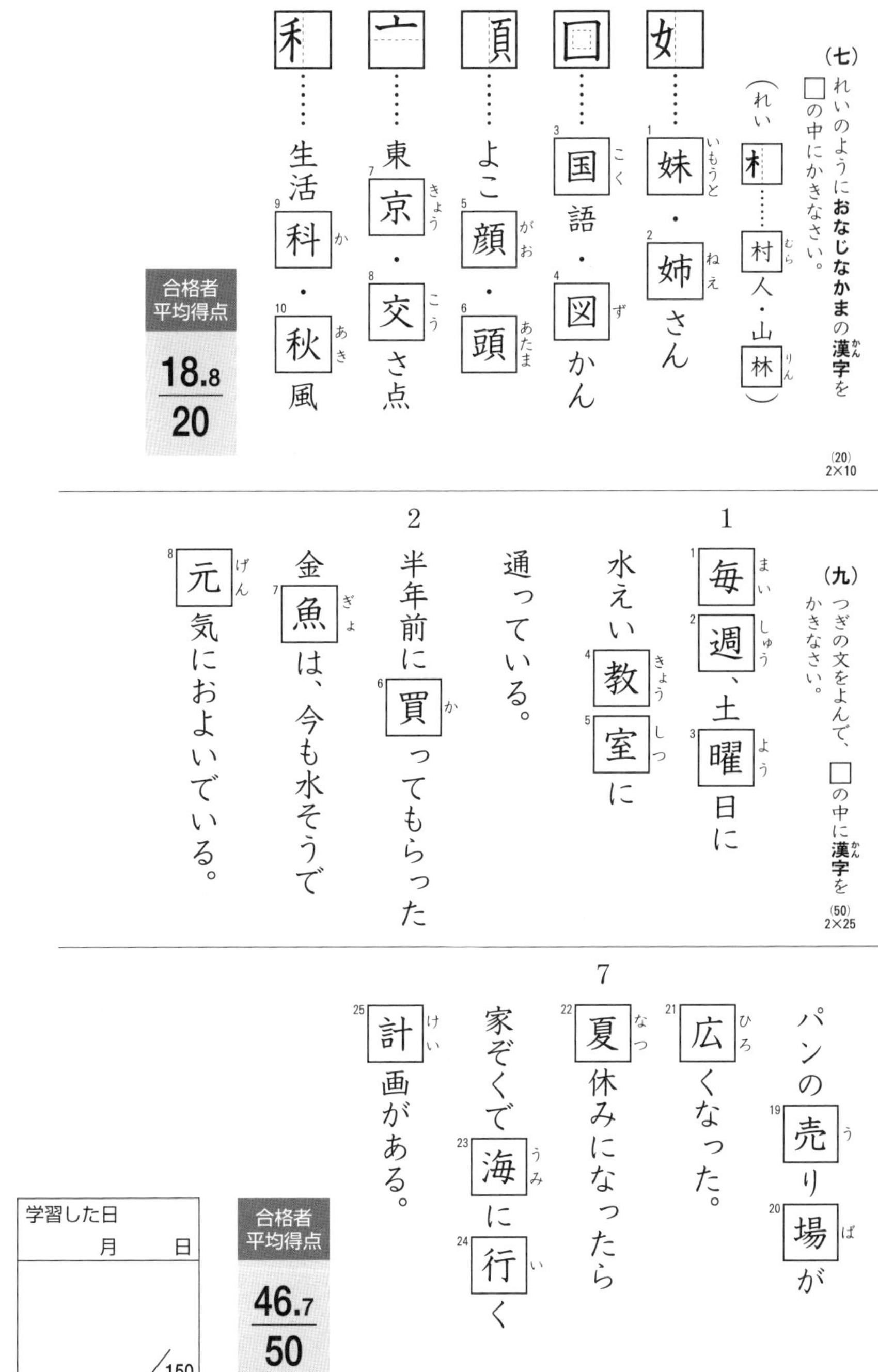

**(七)** れいのように**おなじなかま**の**漢字**（かん）を□の中にかきなさい。 (20) 2×10

（れい 木……[村]（むら）人・山[林]（りん））

女……[1 妹]（いもうと）・[2 姉]（ねえ）さん

囗……[3 国]（こく）語・[4 図]（ず）かん

頁……よこ[5 顔]（がお）・[6 頭]（あたま）

亠……東[7 京]（きょう）・[8 交]（こう）さ点

禾……生活[9 科]（か）・[10 秋]（あき）風

合格者平均得点 18.8 / 20

**(九)** つぎの文をよんで、□の中に**漢字**（かん）をかきなさい。 (50) 2×25

1 [1 毎]（まい）[2 週]（しゅう）、土[3 曜]（よう）日に水えい[4 教]（きょう）[5 室]（しつ）に通っている。

2 半年前に[6 買]（か）ってもらった金[7 魚]（ぎょ）は、今も水そうで[8 元]（げん）気におよいでいる。

パンの[19 売]（う）り[20 場]（ば）が[21 広]（ひろ）くなった。

7 [22 夏]（なつ）休みになったら家ぞくで[23 海]（うみ）に[24 行]（い）く[25 計]（けい）画がある。

合格者平均得点 46.7 / 50

学習した日 月 日
/150

## 9級 しけんもんだい 5 標準解答（こたえ）【本冊42〜47ページ】

**（一）** つぎの文をよんで、──せんの**漢字**の**よみがな**を──せんの**右**にかきなさい。（22）1×22

1 夕方になると公園（1 こうえん）の木に数（2 かぞ）え切れないほど多（3 おお）くの鳥（4 とり）があつまってくる。

2 国語の教科書（5 きょうかしょ）の文しょうを声（6 こえ）に出して読（7 よ）む。

3 計算（8 けいさん）もんだいの正しい答（9 こた）えを見て、どこでまちがったのかを考（10 かんが）えた。

**（二）** つぎの**漢字**の**ふとい**ところは**なんばんめ**にかきますか。○の中に**すう字**をかきなさい。（10）1×10

| | | | | | | | | | |
|---|---|---|---|---|---|---|---|---|---|
| 寺 | 1 ④ | 妹 | 2 ⑥ | 丸 | 3 ② | 帰 | 4 ⑧ | 算 | 5 ⑫ |
| 公 | 6 ④ | 秋 | 7 ⑨ | 直 | 8 ⑧ | 記 | 9 ⑩ | 新 | 10 ⑬ |

**（三）** □に**ひらがな**を**一字**かいて、つぎの**ことば**の**よみ**をこたえなさい。（8）1×8

（れい　左右……さ[ゆ]う）

北国……き 1 [た] ぐ 2 [に]

合格者平均得点 8.9/10

**（五）** つぎの文をよんで、──せんの**漢字**の**よみがな**を──せんの**右**にかきなさい。（10）1×10

ランドセルを大切（1 たいせつ）につかう。
ふろ上がりに足のつめを切（2 き）る。

五十メートルきょう走（3 そう）に出る。
ゴールにむかって走（4 はし）った。

ホームランで同点（5 どうてん）になった。
同（6 おな）じクラスの友だちとあそぶ。

4 晴（11 は）れた日に池（12 いけ）のまわりをさん歩（13 ぽ）した。池の水には、白い雲（14 くも）がうつっていた。

5 遠（15 とお）くの町に引（16 ひ）っこしていった友（17 とも）だちに手紙（18 てがみ）を出した。

6 学校で新（19 あたら）しくならった歌（20 うた）はお母（21 かあ）さんもよく知（22 し）っている歌だった。

合格者平均得点
21.4 / 22

---

市場……［3 い］ちば

早朝……そう［4 ち］ょ［5 う］

夜空……［6 よ］ぞら

音楽会……おん［7 が］くか［8 い］

合格者平均得点
7.5 / 8

**（四）** ○のところは、**はねるか、とめるか、**正しいかきかたで○の中にかきなさい。 (4) 1×4

（れい　字→字　下→下）

1 家の中

2 外がわ

3 三角

4 中心

合格者平均得点
3.9 / 4

---

生まれた日の新聞（7 しんぶん）を見た。
先生の話をしずかに聞（8 き）く。

高校生（9 こうこうせい）がサッカーをしている。
高（10 たか）いビルの上から町をながめる。

合格者平均得点
9.6 / 10

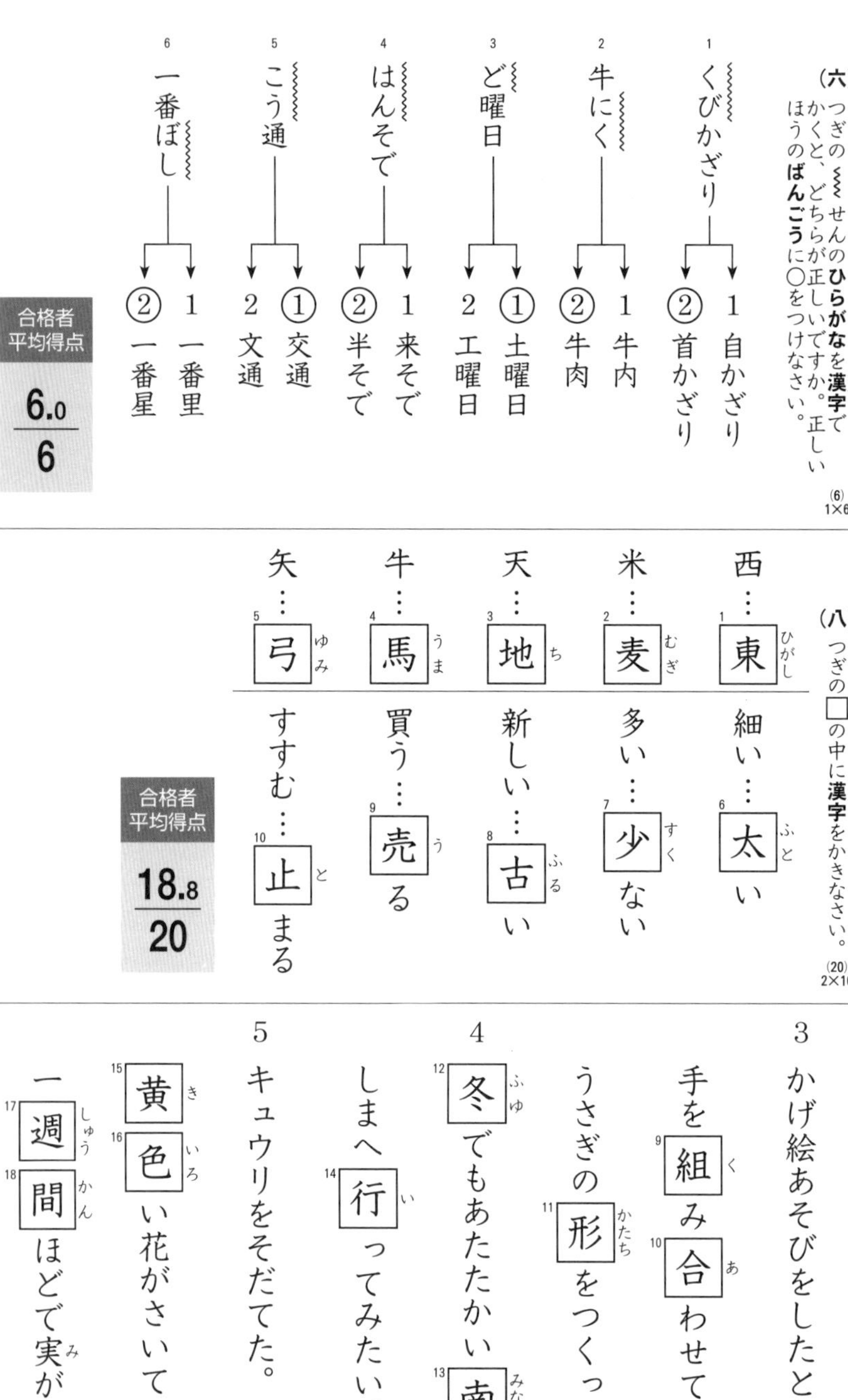

**（六）** つぎの〰せんの**ひらがな**を**漢字**(かん)でかくと、どちらが正しいですか。正しいほうの**ばんごう**に○をつけなさい。 (6) 1×6

1 くびかざり　1 自かざり　②首かざり

2 牛にく　1 牛内　②牛肉

3 ど曜日　①土曜日　2 工曜日

4 はんそで　1 来そで　②半そで

5 こう通　①交通　2 文通

6 一番ぼし　1 一番里　②一番星

合格者平均得点 6.0 / 6

**（八）** つぎの□の中に**漢字**(かん)をかきなさい。 (20) 2×10

1 西…東(ひがし)　6 細い…太(ふと)い

2 米…麦(むぎ)　7 多い…少(すく)ない

3 天…地(ち)　8 新しい…古(ふる)い

4 牛…馬(うま)　9 買う…売(う)る

5 矢…弓(ゆみ)　10 すすむ…止(と)まる

合格者平均得点 18.8 / 20

3 かげ絵あそびをしたとき、手を 9 組(く)み 10 合(あ)わせて犬やうさぎの 11 形(かたち)をつくった。

4 12 冬(ふゆ)でもあたたかい 13 南(みなみ)のしまへ 14 行(い)ってみたい。

5 キュウリをそだてた。15 黄(き) 16 色(いろ)い花がさいて一 17 週(しゅう) 18 間(かん)ほどで実(み)が

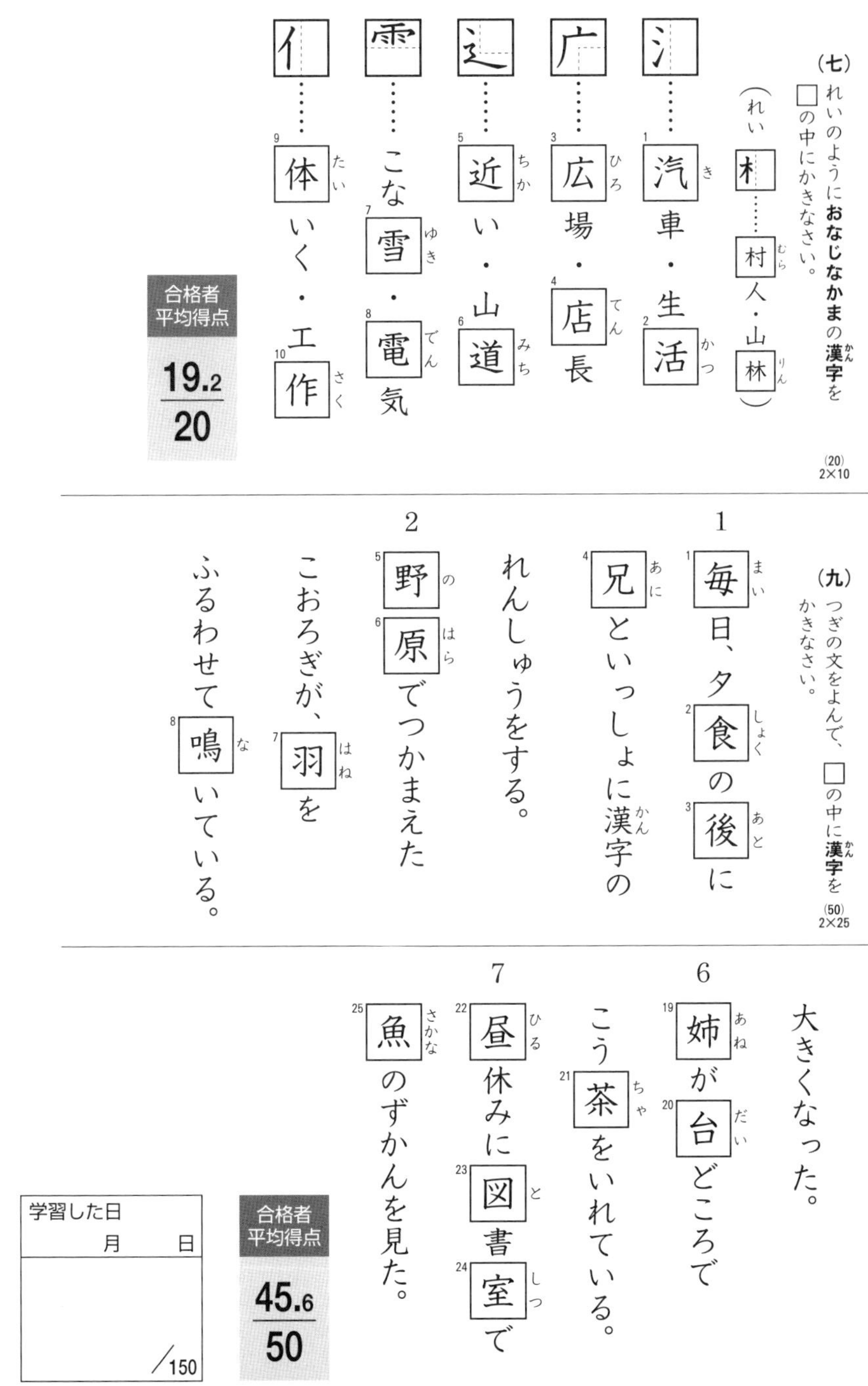

（七）れいのように**おなじなかま**の**漢字**（かん じ）を□の中にかきなさい。 (20) 2×10

（れい　木……村（むら）人・山林（りん)）

氵……1 汽（き）車・生 2 活（かつ）

广……3 広（ひろ）場・4 店（てん）長

辶……5 近（ちか）い・6 山道（みち）

雨……こな 7 雪（ゆき）・8 電（でん）気

亻……9 体（たい）いく・工 10 作（さく）

合格者平均得点 19.2 / 20

（九）つぎの文をよんで、□の中に**漢字**（かん じ）をかきなさい。 (50) 2×25

1　1 毎（まい）日、夕 2 食（しょく）の 3 後（あと）に 4 兄（あに）といっしょに漢字（かん じ）のれんしゅうをする。

2　5 野（の）6 原（はら）でつかまえたこおろぎが、7 羽（はね）をふるわせて 8 鳴（な）いている。

大きくなった。

6　19 姉（あね）が 20 台（だい）どころでこう 21 茶（ちゃ）をいれている。

7　22 昼（ひる）休みに 23 図（と）書 24 室（しつ）で 25 魚（さかな）のずかんを見た。

学習した日　月　日

／150

合格者平均得点 45.6 / 50

（一）つぎの文をよんで、――せんの漢字のよみがなを――せんの右にかきなさい。 (22) 1×22

1 父のふる里（1 さと）のおばあさんから電話（2 でんわ）があった。もうすぐ秋（3 あき）まつりがあるそうだ。

2 からすの鳴（4 な）き声が聞（5 き）こえた。まどの外（6 そと）を見ると、近（7 ちか）くの家（8 いえ）のやねにとまっていた。

3 雨がやんで雲（9 くも）と雲の間から太（10 たい）ようの光（11 ひかり）がさしてきた。

（二）つぎの漢字のふといところはなんばんめにかきますか。〇の中にすう字をかきなさい。 (10) 1×10

| | | |
| --- | --- | --- |
| 1 | 毛 | 2 |
| 2 | 毎 | 4 |
| 3 | 黒 | 5 |
| 4 | 米 | 1 |
| 5 | 雪 | 10 |
| 6 | 考 | 6 |
| 7 | 親 | 16 |
| 8 | 丸 | 3 |
| 9 | 家 | 10 |
| 10 | 色 | 6 |

（三）□にひらがなを一字かいて、つぎのことばのよみをこたえなさい。 (8) 1×8

（れい　左右……さ[ゆ]う）

東西……と[1 う]ざ[2 い]

合格者平均得点
9.1/10

（五）つぎの文をよんで、――せんの漢字のよみがなを――せんの右にかきなさい。 (10) 1×10

家ぞくで海水（1 かいすい）よくに出かける。
山の上から海（2 うみ）をながめる。

国語（3 こくご）のしゅくだいをすませた。
いろいろな国（4 くに）の切手を見た。

元気（5 げんき）よくあいさつする。
つかったはさみを元（6 もと）にもどす。

4 生活科(12せいかつか)の時間に自分(13じぶん)たちの町について学しゅうした。えきや図書(14としょ)かん、知(15し)っている店(16みせ)のことをみんなで話し合(17あ)った。

5 母が野(18や)さいを細(19こま)かく切ってりょう理(20り)をしている。

6 夏休(21なつやす)みの家ぞくりょこうのことを日記(22にっき)に書いた。

合格者平均得点 21.4/22

直線……ちょ[3]く せ[4]ん

風通し……[5]か ぜとおし

白鳥……はく[6]ち ょう

高学年……[7]こ うがく[8]ね ん

合格者平均得点 7.6/8

**(四)** ○のところは、**はねるか、とめるか、**正しいかきかたで○の中にかきなさい。 (4) 1×4

(れい 字○→字○ 下○→下○)

1 市○ やくしょ

2 作○文

3 同○ じ

4 思○い出

合格者平均得点 3.9/4

れつの先頭(7せんとう)に立つ。
シャワーを頭(8あたま)からあびる。

犬をつれて、さん歩(9ぽ)する。
学校まで歩(10ある)いて五分だ。

合格者平均得点 9.7/10

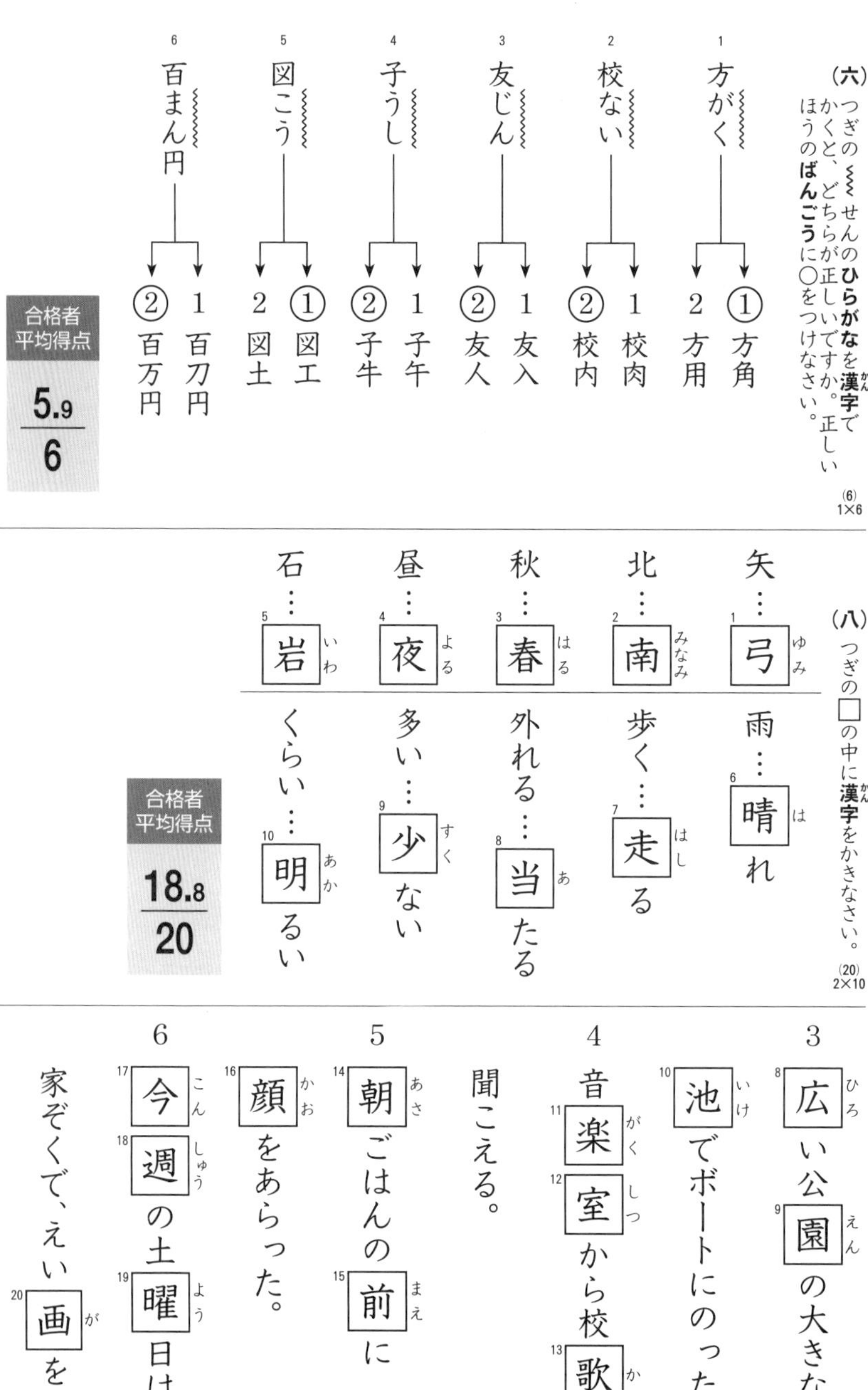

(六) つぎの～～せんのひらがなを漢字(かんじ)でかくと、どちらが正しいですか。正しいほうのばんごうに○をつけなさい。 (6) 1×6

1 方がく ― ①方角 2方用
2 校ない ― 1校肉 ②校内
3 友じん ― 1友入 ②友人
4 子うし ― 1子午 ②子牛
5 図こう ― ①図工 2図土
6 百まん円 ― 1百刀円 ②百万円

合格者平均得点 5.9/6

(八) つぎの□の中に漢字(かんじ)をかきなさい。 (20) 2×10

1 矢…弓(ゆみ)
2 北…南(みなみ)
3 秋…春(はる)
4 昼…夜(よる)
5 石…岩(いわ)

6 雨…晴(は)れ
7 歩く…走(はし)る
8 外れる…当(あ)たる
9 多い…少(すく)ない
10 くらい…明(あか)るい

合格者平均得点 18.8/20

3 8広(ひろ)い公9園(えん)の大きな10池(いけ)でボートにのった。

4 音11楽(がく)12室(しつ)から校13歌(か)が聞こえる。

5 14朝(あさ)ごはんの15前(まえ)に16顔(かお)をあらった。

6 17今(こん)18週(しゅう)の土19曜(よう)日は家ぞくで、えい20画(が)を

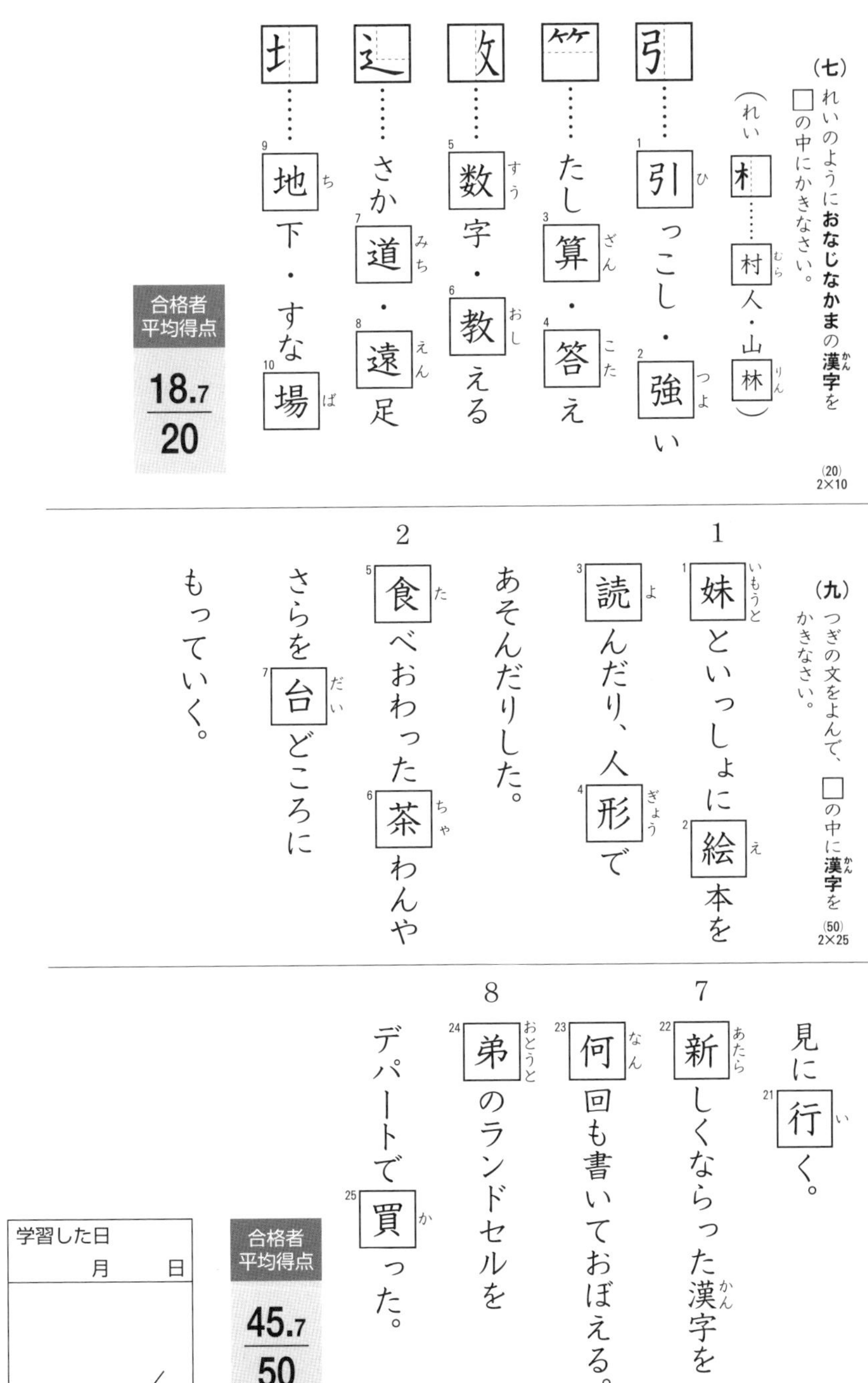

（七）れいのようにおなじなかまの漢字(かんじ)を□の中にかきなさい。 (20) 2×10

（れい　木……村(むら)人・山林(りん)）

引……1 引(ひ)っこし・2 強(つよ)い

竹……たし3 算(ざん)・4 答(こた)え

攵……5 数(すう)字・6 教(おし)える

辶……さか7 道(みち)・8 遠(えん)足

土……9 地(ち)下・すな10 場(ば)

合格者平均得点 18.7／20

（九）つぎの文をよんで、□の中に漢字(かんじ)をかきなさい。 (50) 2×25

1　1 妹(いもうと)といっしょに2 絵(え)本を3 読(よ)んだり、4 人形(ぎょう)であそんだりした。

2　5 食(た)べおわった6 茶(ちゃ)わんやさらを7 台(だい)どころにもっていく。

見に21 行(い)く。

7　22 新(あたら)しくならった漢字(かん)を23 何(なん)回も書いておぼえる。

8　24 弟(おとうと)のランドセルをデパートで25 買(か)った。

合格者平均得点 45.7／50

学習した日　月　日

／150

## 9級 しけんもんだい 7 標準解答(こたえ)【本冊54〜59ページ】

(一) つぎの文をよんで、——せんの漢字のよみがなを——せんの右にかきなさい。 (22) 1×22

1 1朝(あさ)からよく2晴(は)れていて、空に3雲(くも)が一つもない。

2 きのう、生活科の学しゅうで学校の4近(ちか)くのパンやさんに5行(い)った。お6店(みせ)の人に7話(はなし)を8聞(き)かせてもらった。

3 ダチョウは9馬(うま)よりはやく10走(はし)ることができると、

(二) つぎの漢字のふといところはなんばんめにかきますか。○の中にすう字をかきなさい。 (10) 1×10

半……1 ③
通……2 ⑧
里……3 ⑥
組……4 ⑨
門……5 ⑤

答……6 ⑫
売……7 ⑦
家……8 ⑩
南……9 ⑨
画……10 ⑧

(三) □にひらがなを一字かいて、つぎのことばのよみをこたえなさい。 (8) 1×8

合格者平均得点 9.1/10

(れい 左右……さ[ゆ]う)

東西……と1[う]ざい

(五) つぎの文をよんで、——せんの漢字のよみがなを——せんの右にかきなさい。 (10) 1×10

きゅう1食(しょく)のカレーが大すきだ。
兄は2食(た)べるのがはやい。

すきな詩を3音読(おんどく)する。
一週間に本を二さつ4読(よ)む。

5風船(ふうせん)が空高くとんでいった。
6船(ふね)にのって、しまをめぐる。

11図（ず）かんにかいてあった。

4 12体（たい）いくの13時間（じかん）にみんなで

つな14引（ひ）きのれんしゅうをした。

5 15紙（かみ）ねん土で16三角（さんかく）や四角など、

いろいろな形のケーキを17作（つく）って

えのぐで18色（いろ）をつけた。

6 19秋（あき）になって、20原（はら）っぱにいる

虫の21鳴（な）き22声（ごえ）が大きくなった。

合格者平均得点 21.3/22

---

野生……2［や］せ3［い］

親切……し4［ん］せつ

昼間……5［ひ］る6［ま］

町内……ちょ7［う］8［な］い

合格者平均得点 7.6/8

---

(四) ○のところは、**はねるか、とめるか、**正しいかきかたで○の中にかきなさい。 (4) 1×4

（れい 字→字 下→下）

1 外国

2 市場

3 汽車

4 同じ組

合格者平均得点 3.9/4

---

7自分（じぶん）の考えをはっきり言う。

もらったおかしを妹と8分（わ）ける。

姉は夜おそくまでべん9強（きょう）する。

10強（つよ）い風でかんばんがたおれた。

合格者平均得点 9.6/10

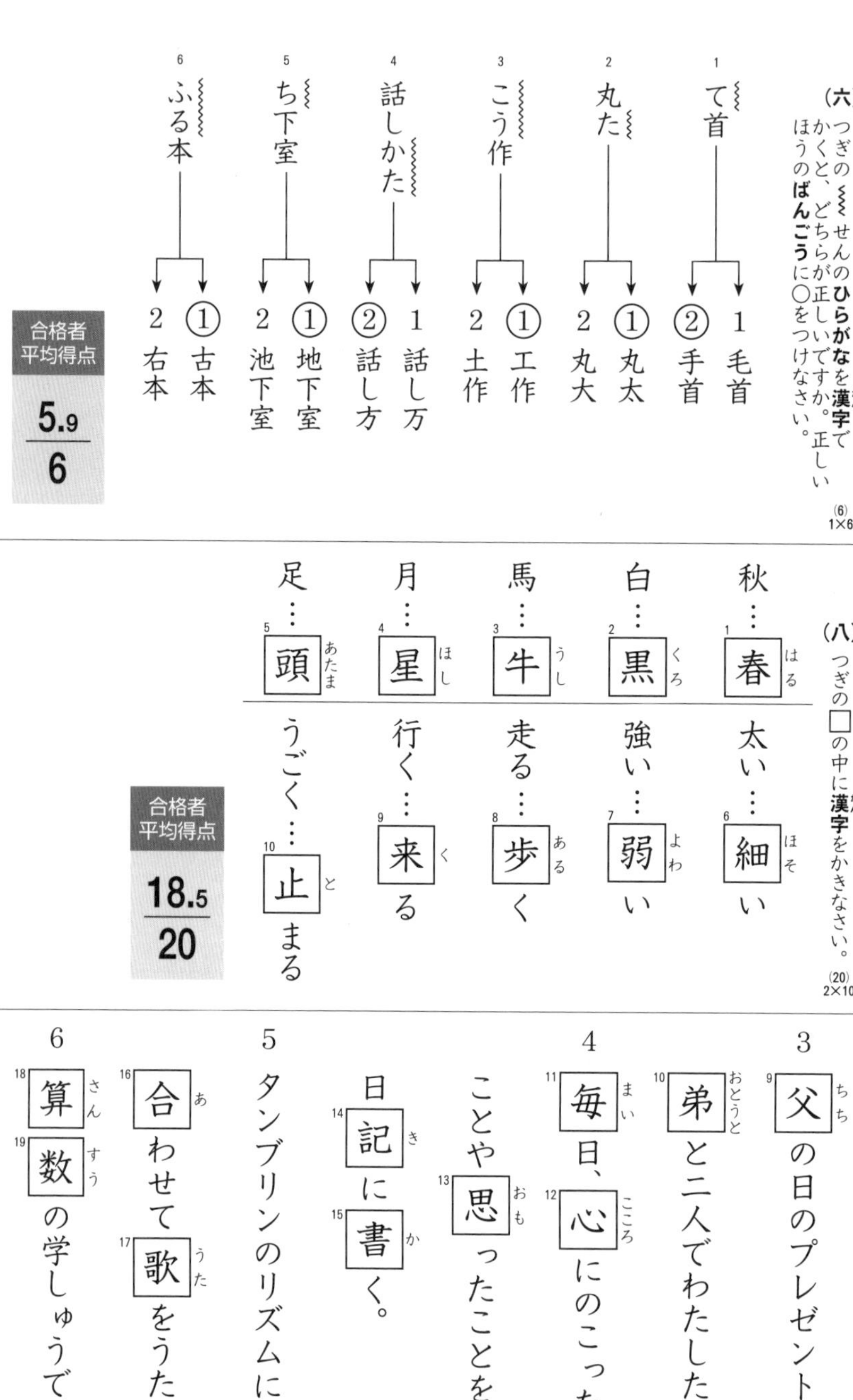

(六) つぎの〰せんのひらがなを漢字(かん)でかくと、どちらが正しいですか。正しいほうのばんごうに○をつけなさい。 (6) 1×6

1 て首 — 1 毛首 ② 手首
2 丸た — ① 丸太 2 丸大
3 こう作 — ① 工作 2 土作
4 話しかた — 1 話し万 ② 話し方
5 ち下室 — ① 地下室 2 池下室
6 ふる本 — ① 古本 2 右本

合格者平均得点 5.9/6

(八) つぎの□の中に漢字(かん)をかきなさい。 (20) 2×10

秋…1 [春](はる)　太い…6 [細](ほそ)い
白…2 [黒](くろ)　強い…7 [弱](よわ)い
馬…3 [牛](うし)　走る…8 [歩](ある)く
月…4 [星](ほし)　行く…9 [来](く)る
足…5 [頭](あたま)　うごく…10 [止](と)まる

合格者平均得点 18.5/20

3 9 [父](ちち)の日のプレゼントを10 [弟](おとうと)と二人でわたした。

4 11 [毎](まい)日、12 [心](こころ)にのこったことや13 [思](おも)ったことを日14 [記](き)に15 [書](か)く。

5 タンブリンのリズムに16 [合](あ)わせて17 [歌](うた)をうたう。

6 18 [算](さん)19 [数](すう)の学しゅうで、

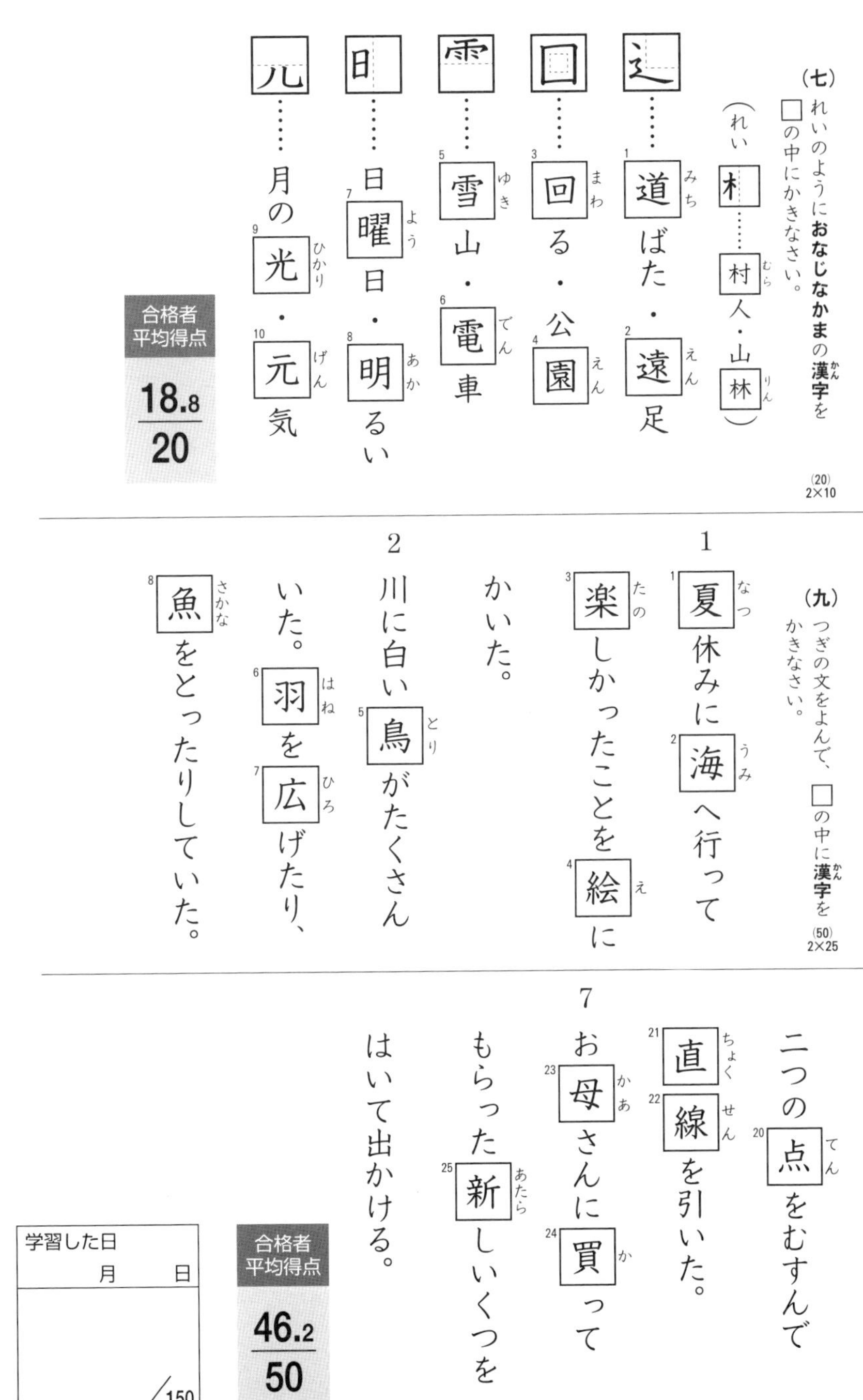

**(七)** れいのように**おなじなかま**の**漢字**(かんじ)を□の中にかきなさい。 (20) 2×10

(れい 木……村(むら)人・山林(りん))

辶……1 道(みち)ばた・2 遠(えん)足

囗……3 回(まわ)る・4 公園(えん)

⻗……5 雪(ゆき)山・6 電(でん)車

日……日7 曜(よう)日・8 明(あか)るい

儿……月の9 光(ひかり)・10 元(げん)気

合格者平均得点
18.8/20

**(九)** つぎの文をよんで、□の中に**漢字**(かんじ)をかきなさい。 (50) 2×25

1 1 夏(なつ)休みに2 海(うみ)へ行って3 楽(たの)しかったことを4 絵(え)にかいた。

2 川に白い5 鳥(とり)がたくさんいた。6 羽(はね)を7 広(ひろ)げたり、8 魚(さかな)をとったりしていた。

二つの20 点(てん)をむすんで21 直(ちょく)22 線(せん)を引いた。

7 お23 母(かあ)さんに24 買(か)ってもらった25 新(あたら)しいくつをはいて出かける。

合格者平均得点
46.2/50

学習した日 月 日

/150

9級 しけんもんだい 8 標準解答（こたえ）【本冊60～65ページ】

（一） つぎの文をよんで、——せんの漢字のよみがなを——せんの右にかきなさい。 (22) 1×22

1 チャイムが鳴（1 な）って、先生が教室（2 きょうしつ）に入ってきた。みんなで元気（3 げんき）よくあいさつをした。

2 お母（4 かあ）さんが妹（5 いもうと）の足のつめを切（6 き）っている。

3 国語（7 こくご）の時間に、新（8 あたら）しい漢字をならった。正しく書（9 か）けるように何回（10 なんかい）もれんしゅうした。

（二） つぎの漢字のふといところはなんばんめにかきますか。○の中にすう字をかきなさい。 (10) 1×10

| | | |
| --- | --- | --- |
| 1 | 絵 | 8 |
| 2 | 毎 | 4 |
| 3 | 社 | 5 |
| 4 | 理 | 9 |
| 5 | 鳥 | 8 |
| 6 | 夏 | 10 |
| 7 | 曜 | 18 |
| 8 | 帰 | 10 |
| 9 | 丸 | 3 |
| 10 | 船 | 11 |

（三） □にひらがなを一字かいて、つぎのことばのよみをこたえなさい。 (8) 1×8

（れい 左右……さ[ゆ]う）

同時……どう[じ]（1）

合格者平均得点 9.3/10

（五） つぎの文をよんで、——せんの漢字のよみがなを——せんの右にかきなさい。 (10) 1×10

西の山に太（1 たい）ようがしずむ。にわに太（2 ふと）いまつの木がある。

店で牛（3 ぎゅう）にゅうとパンを買う。ぼく場で黒い牛（4 うし）を見た。

さむいので、毛（5 もう）ふをかけてねた。かみの毛（6 け）をリボンでむすぶ。

4 男の人がとばした矢[11 や]が、遠[12 とお]くのまとに当[13 あ]たった。

5 先週[14 せんしゅう]の日曜日に、家[15 か]ぞくでピクニックに行[16 い]った。公園[17 こうえん]の広場[18 ひろば]で、おべんとうを食[19 た]べたりあそんだりして楽[20 たの]しかった。

6 大工[21 だいく]さんが、はしごをつかって高[22 たか]いやねの上にのぼる。

合格者平均得点 21.5／22

---

点線……[2 てん][3 せん]
通学……つ[4 う]がく
今年……[5 こ][6 とし]
親友……し[7 ん][8 ゆ]う

合格者平均得点 7.9／8

---

**(四)** ○のところは、**はねるか、とめるか、**正しいかきかたで○の中にかきなさい。 (4) 1×4

(れい 字○→字 下○→下)

1 弱○い雨

2 思○いやり

3 ぶた肉○

4 工作○

合格者平均得点 4.0／4

---

午後[7 ごご]一時に、しあいがはじまる。
マットの上で後[8 うし]ろ回りをした。

体[9 たい]いくの時間にサッカーをした。
ふろで体[10 からだ]をきれいにあらう。

合格者平均得点 9.7／10

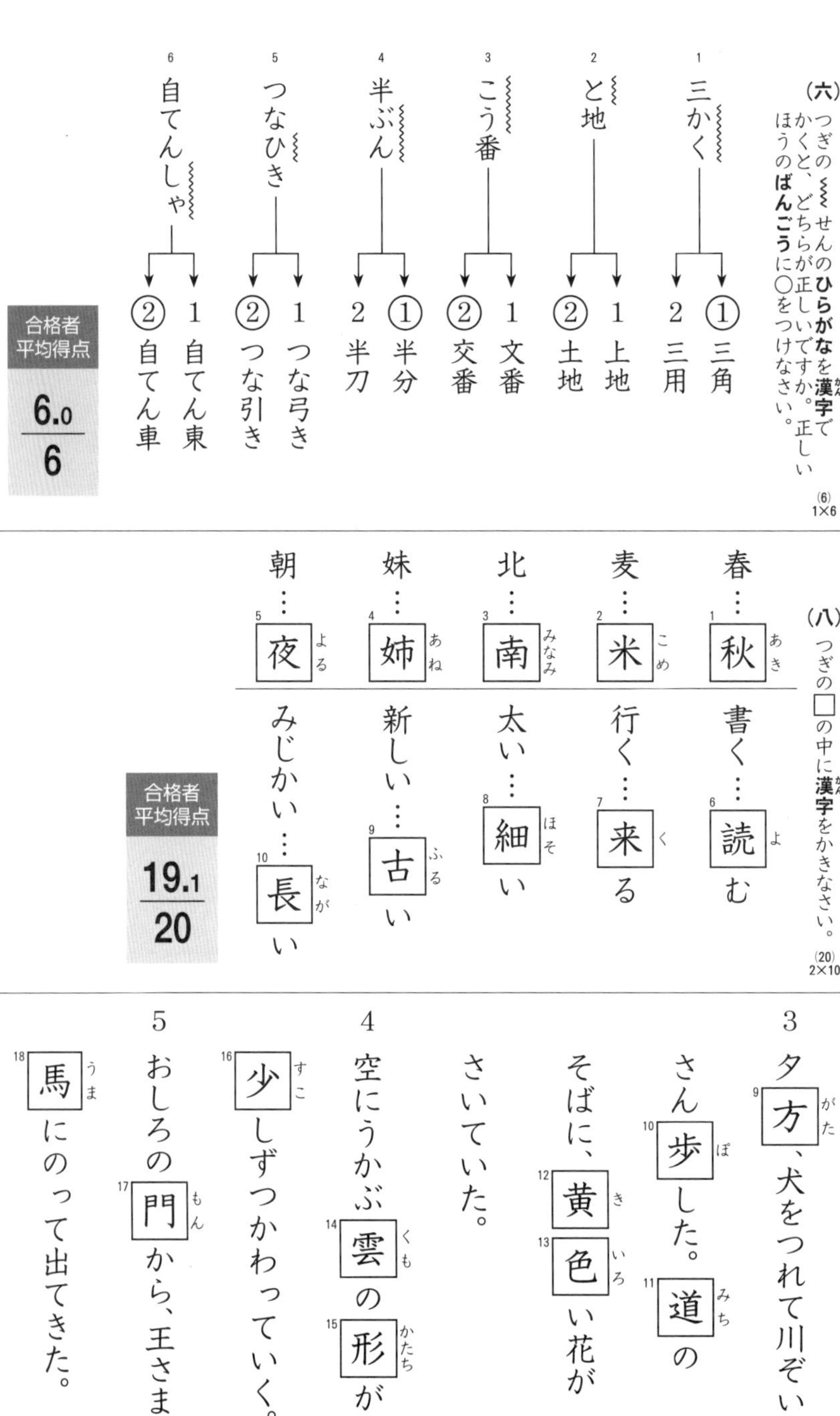

（六）つぎの〰せんの**ひらがな**を**漢字**でかくと、どちらが正しいですか。正しいほうの**ばんごう**に○をつけなさい。 (6) 1×6

1 三かく ― ①三角　2 三用
2 と地 ― 1 上地　②土地
3 こう番 ― 1 文番　②交番
4 半ぶん ― ①半分　2 半刀
5 つなひき ― 1 つな弓き　②つな引き
6 自てんしゃ ― 1 自てん東　②自てん車

合格者平均得点 6.0/6

（八）つぎの□の中に**漢字**をかきなさい。 (20) 2×10

春…1 秋（あき）
麦…2 米（こめ）
北…3 南（みなみ）
妹…4 姉（あね）
朝…5 夜（よる）
書く…6 読（よ）む
行く…7 来（く）る
太い…8 細（ほそ）い
新しい…9 古（ふる）い
みじかい…10 長（なが）い

合格者平均得点 19.1/20

3 9 夕方（がた）、犬をつれて川ぞいをさん10 歩（ぽ）した。11 道（みち）のそばに、12 黄（き）13 色（いろ）い花がさいていた。

4 空にうかぶ14 雲（くも）の15 形（かたち）が16 少（すこ）しずつかわっていく。

5 おしろの17 門（もん）から、王さまが18 馬（うま）にのって出てきた。

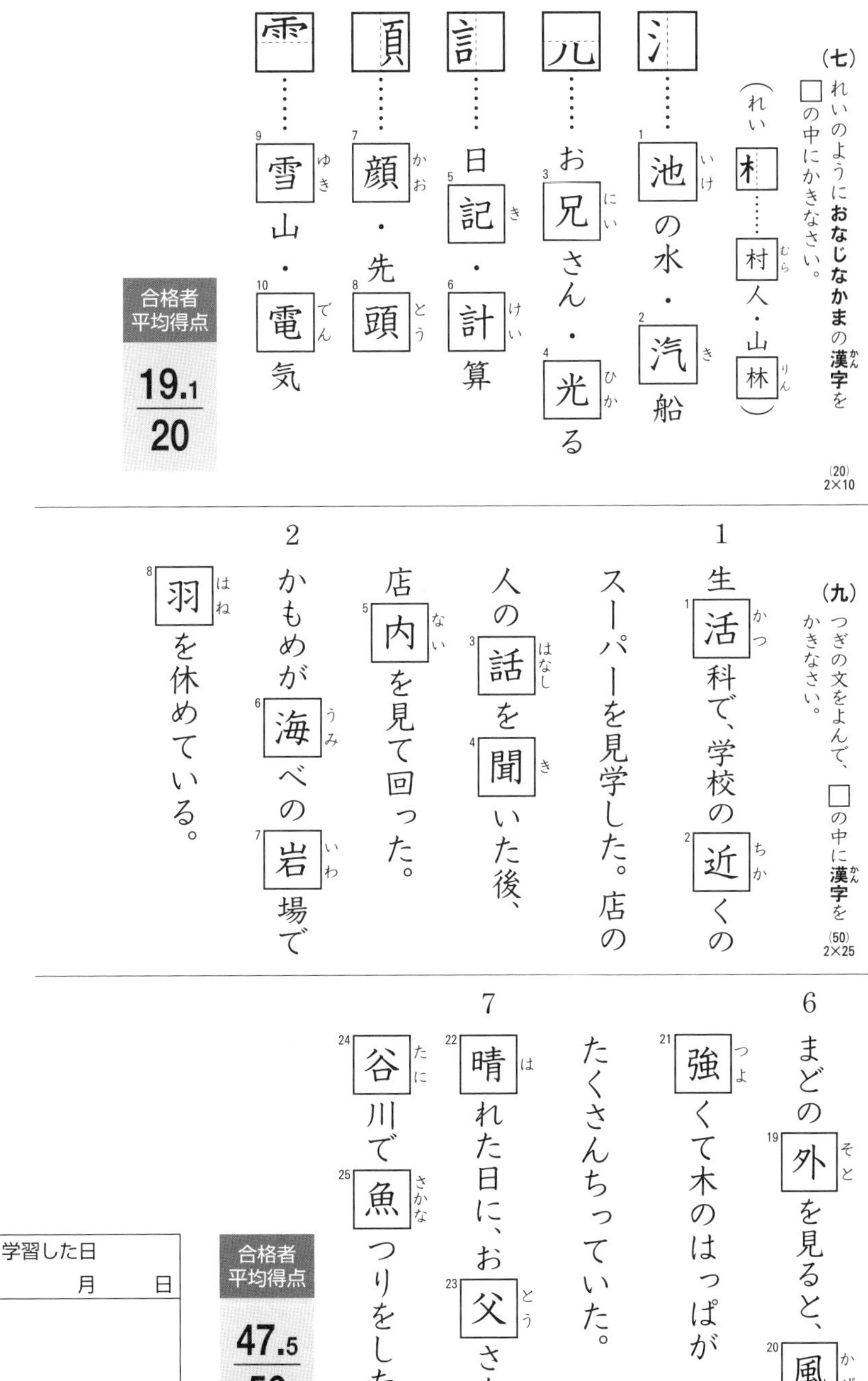

(七) れいのように**おなじなかま**の**漢字**(かんじ)を□の中にかきなさい。 (20) 2×10

(れい 木……村(むら)人・山林(りん))

氵……1池(いけ)の水・2汽(き)船

儿……お3兄(にい)さん・4光(ひか)る

言……日5記(き)・6計(けい)算

頁……7顔(かお)・先8頭(とう)

雨……9雪(ゆき)山・10電(でん)気

合格者平均得点 19.1/20

(九) つぎの文をよんで、□の中に**漢字**(かんじ)をかきなさい。 (50) 2×25

1 生1活(かつ)科で、学校の2近(ちか)くのスーパーを見学した。店の人の3話(はなし)を4聞(き)いた後、店5内(ない)を見て回った。

2 かもめが6海(うみ)べの7岩(いわ)場で8羽(はね)を休めている。

6 までの19外(そと)を見ると、20風(かぜ)が21強(つよ)くて木のはっぱがたくさんちっていた。

7 22晴(は)れた日に、お23父(とう)さんと24谷(たに)川で25魚(さかな)つりをした。

合格者平均得点 47.5/50

学習した日　月　日

/150

# 9級 しけんもんだい 9 標準解答(こたえ)【本冊66～71ページ】

(一) つぎの文をよんで、――せんの漢字のよみがなを――せんの右にかきなさい。 (22) 1×22

1 寺(1 てら)のにわにつもった
黄色(2 きいろ)いおちばの上を
そっと歩(3 ある)いた。

2 生活科(4 せいかつか)の時間に交番(5 こうばん)へ
行(6 い)って、おまわりさんに話(7 はなし)を
聞(8 き)いた。

3 先生のピアノに合(9 あ)わせて
元気(10 げんき)よく校歌(11 こうか)を歌う。

(二) つぎの漢字のふといところはなんばんめにかきますか。◯の中にすう字をかきなさい。 (10) 1×10

古…1 ②
社…2 ⑤
毎…3 ④
京…4 ⑥
絵…5 ⑧
冬…6 ⑤
長…7 ⑧
通…8 ⑩
首…9 ⑨
万…10 ③

(三) □にひらがなを一字かいて、つぎのことばのよみをこたえなさい。 (8) 1×8

(れい 左右……さ[ゆ]う)

会話……かい 1 [わ]

合格者平均得点 9.0/10

(五) つぎの文をよんで、――せんの漢字のよみがなを――せんの右にかきなさい。 (10) 1×10

夕ごはんの後、べん強(1 きょう)をした。
父は、うでの力が強(2 つよ)い。

五十メートル走(3 そう)で一番になった。
ゴールにむかって走(4 はし)る。

三角(5 さんかく)のおにぎりにのりをまく。
つぎの角(6 かど)を右にまがるときだ。

4 クイズの答（12 こた）えを友（13 とも）だちと
いっしょに考（14 かんが）えた。

5 きのう買（15 か）ってもらった新（16 あたら）しい
かさには、きらきら光（17 ひか）る
星（18 ほし）のもようがついている。

6 どうぶつ園（19 えん）のきりんが、長い
首（20 くび）をのばして、高（21 たか）いところに
おいてあるえさを食（22 た）べた。

合格者平均得点 21.5 / 22

直線……ちょ 2［く］ 3［せ］ん

遠回り……4［と］おま 5［わ］り

野鳥……や 6［ち］ょう

人数……に 7［ん］ 8［ず］う

合格者平均得点 7.7 / 8

**（四）** ○のところは、**はねるか、とめるか、**正しいかきかたで○の中にかきなさい。 (4) 1×4

（れい　字○→字　下○→下）

1 となりの家

2 すずしい風

3 町外れ

4 南がわ

合格者平均得点 3.9 / 4

へやでしずかな音楽（7 おんがく）をきく。

弟とボールあそびを楽（8 たの）しんだ。

おもちゃの電池（9 でんち）をとりかえる。

池（10 いけ）の水に月がうつっている。

合格者平均得点 9.6 / 10

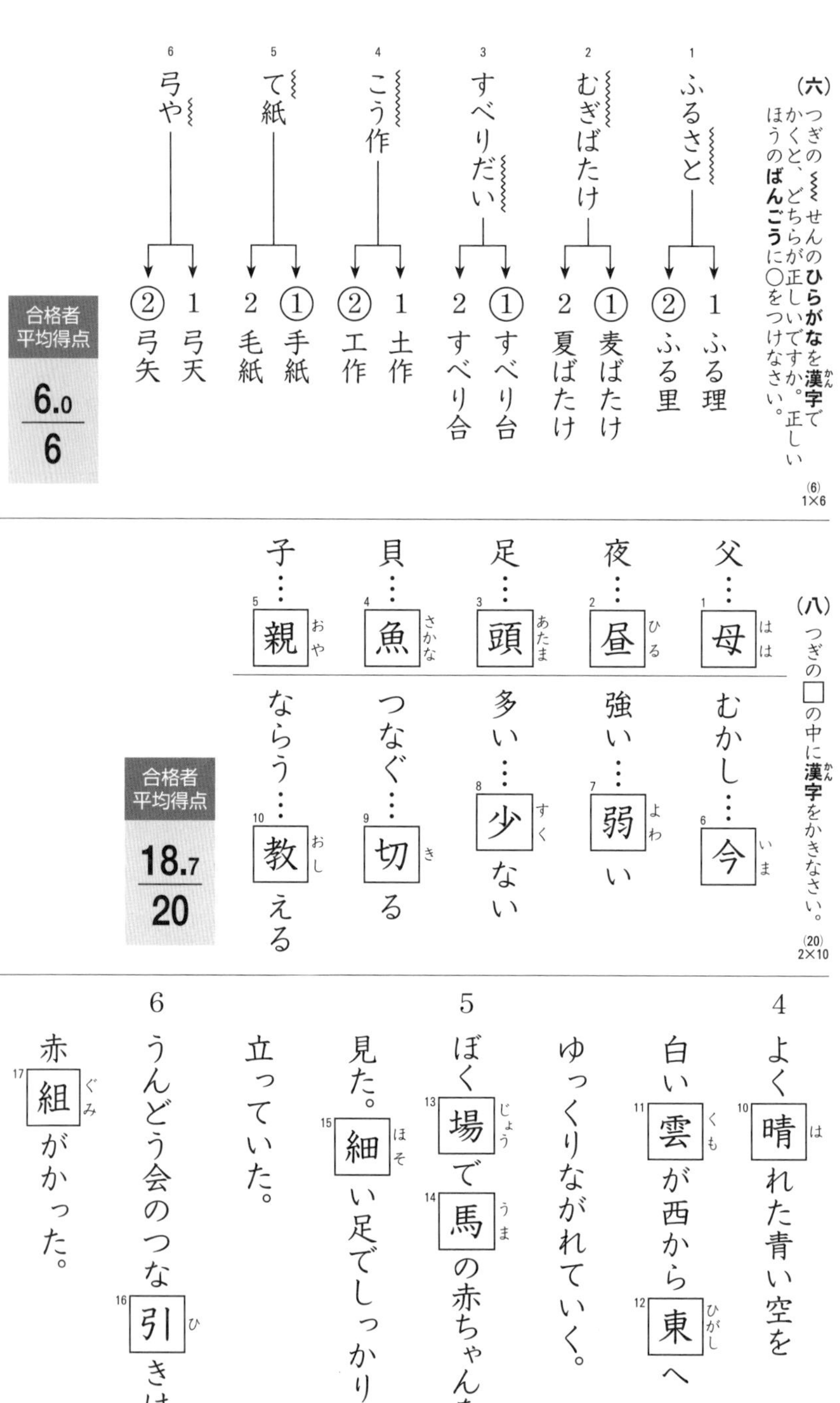

**(六)** つぎの〰〰せんの**ひらがな**を**漢字**（かん）でかくと、どちらが正しいですか。正しいほうの**ばんごう**に○をつけなさい。 (6) 1×6

1 ふるさと（〰さと）
- 1 ふる理
- ② ふる里

2 むぎばたけ（〰むぎ）
- ① 麦ばたけ
- 2 夏ばたけ

3 すべりだい（〰だい）
- ① すべり台
- 2 すべり合

4 こう作（〰こう）
- 1 土作
- ② 工作

5 て紙（〰て）
- ① 手紙
- 2 毛紙

6 弓や（〰や）
- 1 弓天
- ② 弓矢

合格者平均得点 6.0 / 6

**(八)** つぎの□の中に**漢字**（かん）をかきなさい。 (20) 2×10

1 父…［母］（はは）

2 夜…［昼］（ひる）

3 足…［頭］（あたま）

4 貝…［魚］（さかな）

5 子…［親］（おや）

6 むかし…［今］（いま）

7 強い…［弱］（よわ）い

8 多い…［少］（すく）ない

9 つなぐ…［切］（き）る

10 ならう…［教］（おし）える

合格者平均得点 18.7 / 20

4 よく［晴］（は）れた青い空を白い［雲］（くも）が西から［東］（ひがし）へゆっくりながれていく。
（10・11・12）

5 ぼく［場］（じょう）で［馬］（うま）の赤ちゃんを見た。［細］（ほそ）い足でしっかり立っていた。
（13・14・15）

6 うんどう会のつな［引］（ひ）きは赤［組］（ぐみ）がかった。
（16・17）

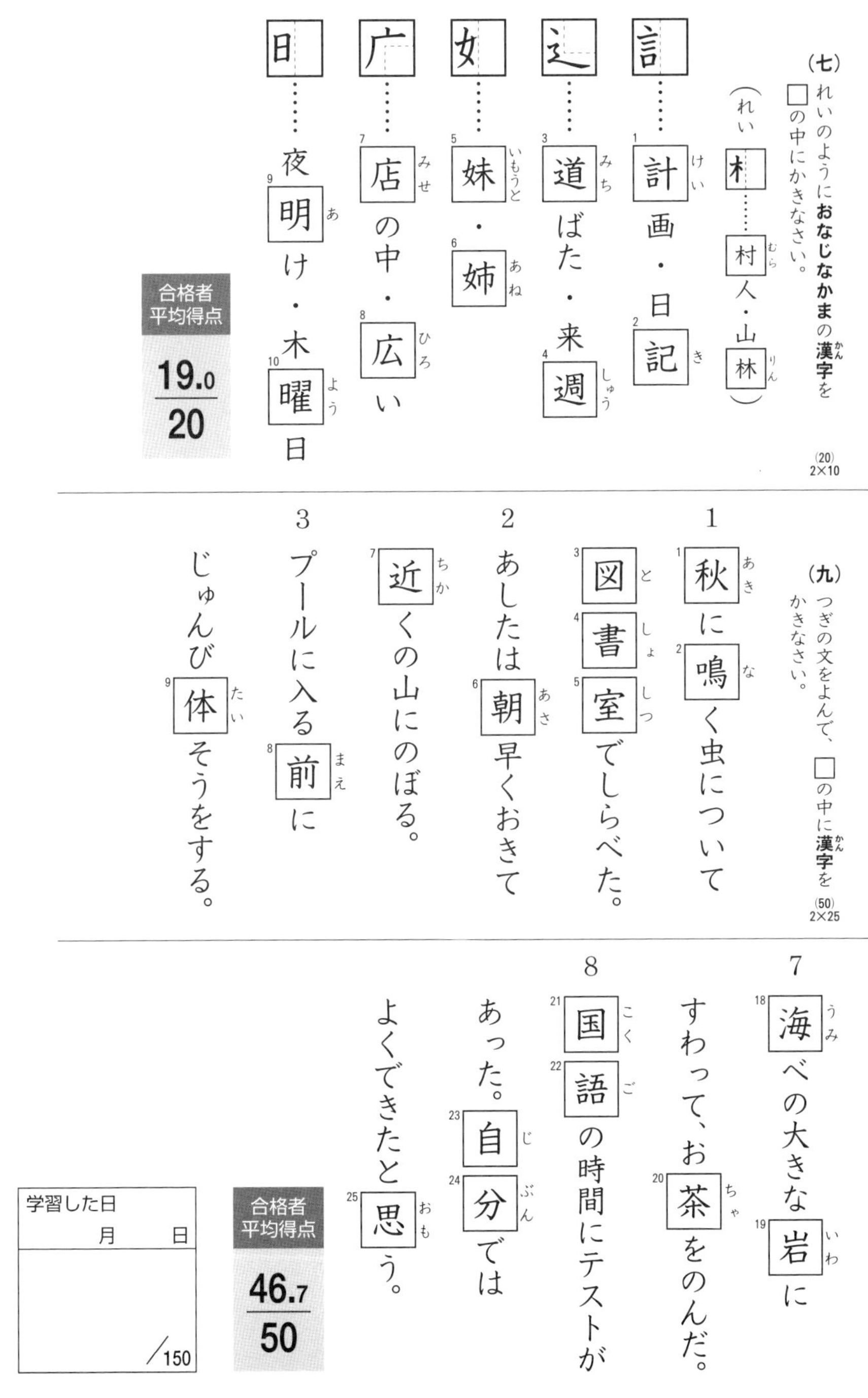

（七） れいのように**おなじなかま**の**漢字**を□の中にかきなさい。　(20) 2×10

（れい　木……村人・山林）

言……1計画・日2記

辶……3道ばた・来4週

女……5妹・6姉

广……7店の中・8広い

日……夜9明け・木10曜日

合格者平均得点　19.0/20

（九） つぎの文をよんで、□の中に**漢字**をかきなさい。　(50) 2×25

1　1秋に2鳴く虫について3図4書5室でしらべた。

2　あしたは6朝早くおきて7近くの山にのぼる。

3　プールに入る8前にじゅんび9体そうをする。

7　18海べの大きな19岩にすわって、お20茶をのんだ。

8　21国22語の時間にテストがあった。23自24分ではよくできたと25思う。

合格者平均得点　46.7/50

学習した日　月　日

／150

(一) つぎの文をよんで、——せんの漢字のよみがなを——せんの右にかきなさい。 (22) 1×22

1 野(1 や)さいがたくさん入った カレーを食(2 た)べた。

2 生活科(3 せいかつか)の町たんけんで どんな人に会(4 あ)って話(5 はなし)を 聞(6 き)きたいかを考(7 かんが)える。

3 父は毎(8 まい)ばん、火の元(9 もと)と 戸(10 と)じまりをたしかめる。

4 へやの中にあるものの長(11 なが)さを

(二) つぎの漢字のふといところはなんばんめにかきますか。○の中にすう字をかきなさい。 (10) 1×10

| | | | | |
|---|---|---|---|---|
| 肉…1 ④ | 麦…2 ⑤ | 組…3 ⑩ | 理…4 ⑨ | 寺…5 ② |
| 多…6 ⑥ | 門…7 ⑧ | 南…8 ⑨ | 晴…9 ⑫ | 西…10 ⑥ |

(三) □にひらがなを一字かいて、つぎのことばのよみをこたえなさい。 (8) 1×8

(れい 左右……さ[ゆ]う)

金魚……きん1[ぎ]よ

合格者平均得点 9.4/10

(五) つぎの文をよんで、——せんの漢字のよみがなを——せんの右にかきなさい。 (10) 1×10

みんなで校歌(1 こうか)をれんしゅうする。

ラジオから歌(2 うた)が聞こえる。

本当(3 ほんとう)のことを正直に話す。

くじびきでテレビが当(4 あ)たった。

キャンプの計画(5 けいかく)を立てる。

五十メートル走のタイムを計(6 はか)る。

はかって、[12]算数（さんすう）のノートに
[13]記（き）ろくした。

5 [14]太（たい）ようがてりつける[15]広（ひろ）い
さばくを[16]二頭（にとう）のらくだが
ゆっくりと[17]歩（ある）いている。

6 [18]牛（ぎゅう）にゅうをのもうと[19]思（おも）って
[20]台（だい）どころに行くと、[21]母（はは）が
[22]米（こめ）をといでいた。

合格者平均得点 21.2 / 22

---

三角……さ[2 ん]か[3 く]
夕方……ゆうが[4 た]
店内……[5 て]ん[6 な]い
通学……[7 つ]うが[8 く]

合格者平均得点 7.7 / 8

---

**（四）** ○のところは、**はねるか、とめるか、**正しいかきかたで○の中にかきなさい。 (4) 1×4

（れい　字○→字　下○→下）

1 鳴○き声
2 作○る
3 高○い山
4 風○船

合格者平均得点 3.9 / 4

---

[7]来月（らいげつ）のよていひょうをもらう。
まっているバスがまだ[8]来（こ）ない。

[9]体（たい）いくでマットうんどうをした。
ふろで[10]体（からだ）をきれいにあらう。

合格者平均得点 9.5 / 10

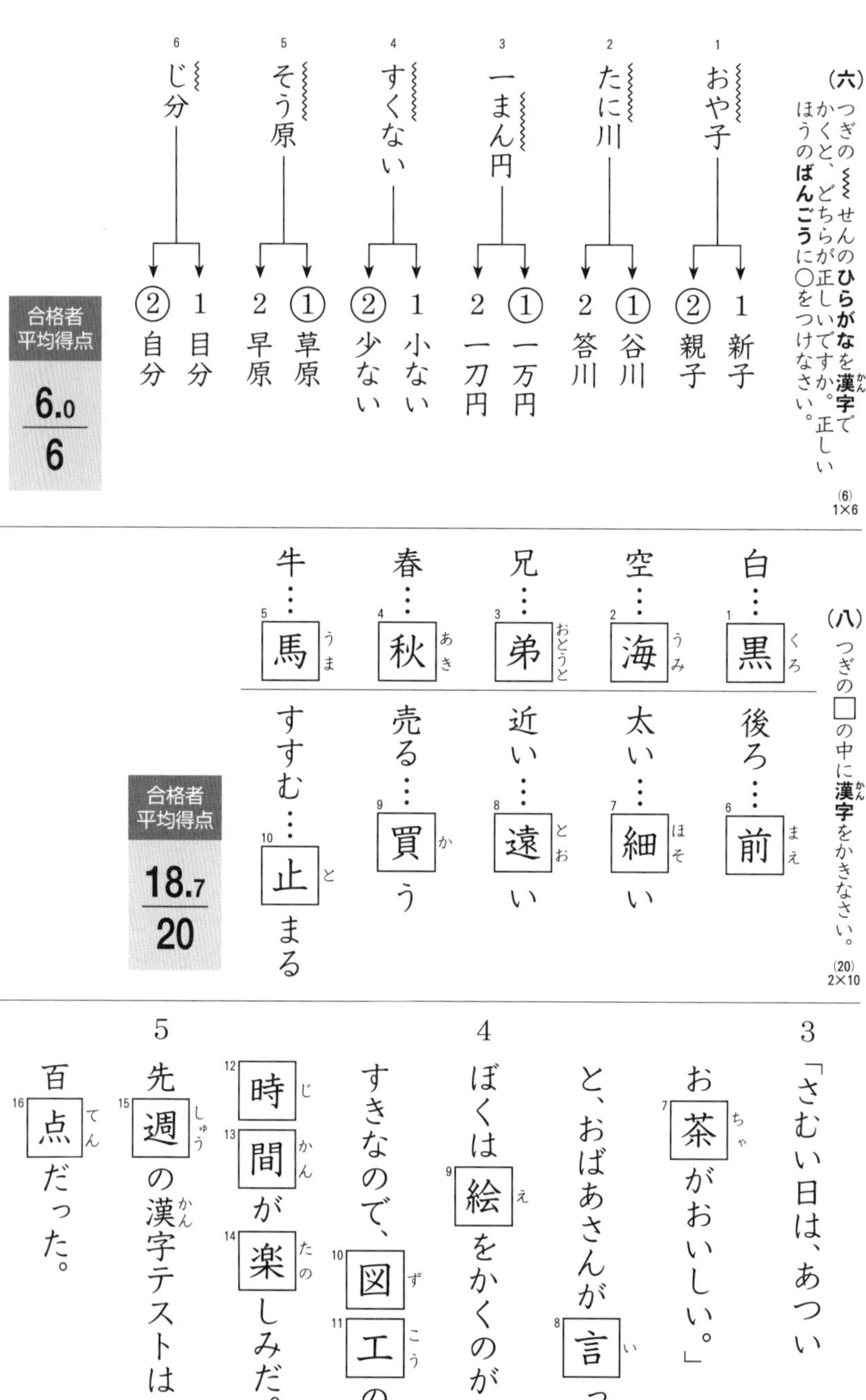

（六）つぎの〰せんの**ひらがな**を**漢字**（かん）でかくと、どちらが正しいですか。正しいほうの**ばんごう**に○をつけなさい。 (6) 1×6

1 おや子 → 1 新子　②親子

2 たに川 → ①谷川　2 答川

3 一まん円 → ①一万円　2 一刀円

4 すくない → 1 小ない　②少ない

5 そう原 → ①草原　2 早原

6 じ分 → 1 目分　②自分

合格者平均得点 6.0 / 6

---

（八）つぎの□の中に**漢字**（かん）をかきなさい。 (20) 2×10

白…1 [黒]（くろ）

空…2 [海]（うみ）

兄…3 [弟]（おとうと）

春…4 [秋]（あき）

牛…5 [馬]（うま）

後ろ…6 [前]（まえ）

太い…7 [細]（ほそ）い

近い…8 [遠]（とお）い

売る…9 [買]（か）う

すすむ…10 [止]（と）まる

合格者平均得点 18.7 / 20

---

3 「さむい日は、あついお7 [茶]（ちゃ）がおいしい。」と、おばあさんが8 [言]（い）った。

4 ぼくは9 [絵]（え）をかくのがすきなので、10 [図]（ず）11 [工]（こう）の12 [時]（じ）13 [間]（かん）が14 [楽]（たの）しみだ。

5 先15 [週]（しゅう）の漢字（かん）テストは百16 [点]（てん）だった。

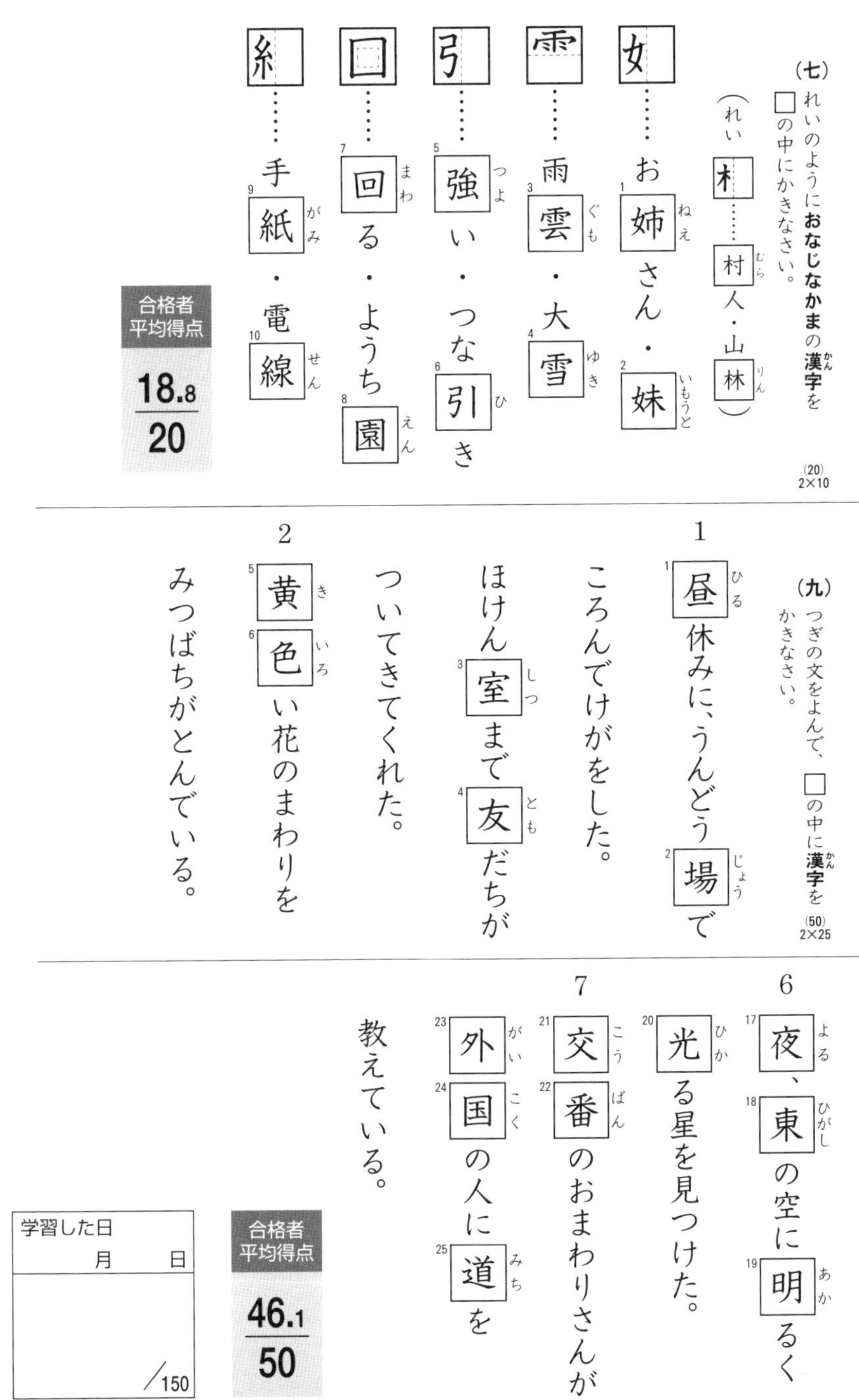

（七）れいのように**おなじなかま**の**漢字**を□の中にかきなさい。 (20) 2×10

（れい　木……村人・山林）

女……お 1 姉（ねえ）さん・2 妹（いもうと）

雨……3 雨雲（ぐも）・大 4 雪（ゆき）

弓……5 強（つよ）い・つな 6 引（ひ）き

囗……7 回（まわ）る・ようち 8 園（えん）

糸……手 9 紙（がみ）・電 10 線（せん）

合格者平均得点 18.8/20

（九）つぎの文をよんで、□の中に**漢字**をかきなさい。 (50) 2×25

1 1 昼（ひる）休みに、うんどう 2 場（じょう）でころんでけがをした。ほけん 3 室（しつ）まで 4 友（とも）だちがついてきてくれた。

2 5 黄（き）6 色（いろ）い花のまわりをみつばちがとんでいる。

6 17 夜（よる）、18 東（ひがし）の空に 19 明（あか）るく 20 光（ひか）る星を見つけた。

7 21 交（こう）22 番（ばん）のおまわりさんが 23 外（がい）24 国（こく）の人に 25 道（みち）を教えている。

合格者平均得点 46.1/50

学習した日　月　日

／150

9級 しけんもんだい 11 標準解答（こたえ）【本冊78～83ページ】

（一）つぎの文をよんで、――せんの漢字のよみがなを――せんの右にかきなさい。 (22) 1×22

1 学校から帰[1 かえ]るときに川ぞいの通[2 とお]りで、弟[3 おとうと]のようち園[4 えん]のバスが走[5 はし]っているのを見た。

2 話[6 はな]し合いできまったことを先生が黒[7 こく]ばんに書[8 か]いた。

3 大工[9 だいく]さんが、となりの家[10 いえ]のやねを直[11 なお]している。

4 朝[12 あさ]早くおきて、池[13 いけ]のまわりを

（二）つぎの漢字のふといところはなんばんめにかきますか。○の中にすう字をかきなさい。 (10) 1×10

| | |
|---|---|
| 矢 | 1 ③ |
| 回 | 2 ⑤ |
| 考 | 3 ④ |
| 曜 | 4 ⑧ |
| 谷 | 5 ④ |
| 半 | 6 ⑤ |
| 秋 | 7 ⑨ |
| 汽 | 8 ⑦ |
| 毎 | 9 ⑥ |
| 歌 | 10 ⑭ |

（三）□にひらがなを一字かいて、つぎのことばのよみをこたえなさい。 (8) 1×8

（れい　左右……さ[ゆ]う）

音読……おんど[1 く]

（五）つぎの文をよんで、――せんの漢字のよみがなを――せんの右にかきなさい。 (10) 1×10

お正月に新年[1 しんねん]のあいさつをした。
新[2 あたら]しい自てん車にのる。

あすは午前[3 ごぜん]九時に出かける。
学校の前[4 まえ]にパンやさんがある。

野[5 や]きゅうのしあいがはじまった。
野[6 の]はらに花がさいている。

さん歩（14 ぽ）した。

5 雲（15 くも）一つない青空を、鳥（16 とり）が羽を広（17 ひろ）げてゆったりとんでいる。

6 メロンをほうちょうで半分（18 はんぶん）に切（19 き）った。

7 夜（20 よる）おそくにトイレに行（21 いゆ）くときこわかったので、お父（22 とう）さんについてきてもらった。

---

晴天……せ 2［い］ 3［て］ん

草原……く 4［さ］ 5［ら］（は）

土星……ど 6［せ］い

四頭……よ 7［ん］ 8［と］う

---

**（四）** ○のところは、**はねるか、とめるか、**正しいかきかたで○の中にかきなさい。 (4) 1×4

（れい　字○→字　下○→下）

1 市○やくしょ

2 つな引○き

3 心○ぱい

4 手作○り

---

今日はろう下のそうじ当番（7 とうばん）だ。まとのまん中に矢が当（8 あ）たった。

王さまが馬車（9 ばしゃ）からおりてきた。子馬（10 こうま）のせなかをそっとなでた。

**(六)** つぎの〰せんの**ひらがな**を**漢字**（かん）でかくと、どちらが正しいですか。正しいほうの**ばんごう**に○をつけなさい。 (6) 1×6

1 すくない → ① 少ない　2 小ない

2 ごう計 → 1 台計　② 合計

3 五まん円 → ① 五万円　2 五方円

4 牛にく → 1 牛内　② 牛肉

5 もちいる → 1 角いる　② 用いる

6 はく線 → ① 白線　2 日線

**(八)** つぎの□の中に**漢字**（かん）をかきなさい。 (20) 2×10

1 冬…［夏］（なつ）

2 山…［海］（うみ）

3 子…［親］（おや）

4 石…［岩］（いわ）

5 貝…［魚］（さかな）

6 強い…［弱］（よわ）い

7 くらい…［明］（あか）るい

8 話す…［聞］（き）く

9 すすむ…［止］（と）まる

10 たずねる…［答］（こた）える

4 教 10［室］（しつ）の 11［南］（みなみ）がわのまどから 12［太］（たい）ようの 13［光］（ひかり）がさしこむ。

5 かけ 14［算］（ざん）の九九がようやく、すらすらと 15［言］（い）えるようになった。

6 16［図］（と）書かんで 17［絵］（え）本を二さつかりた。

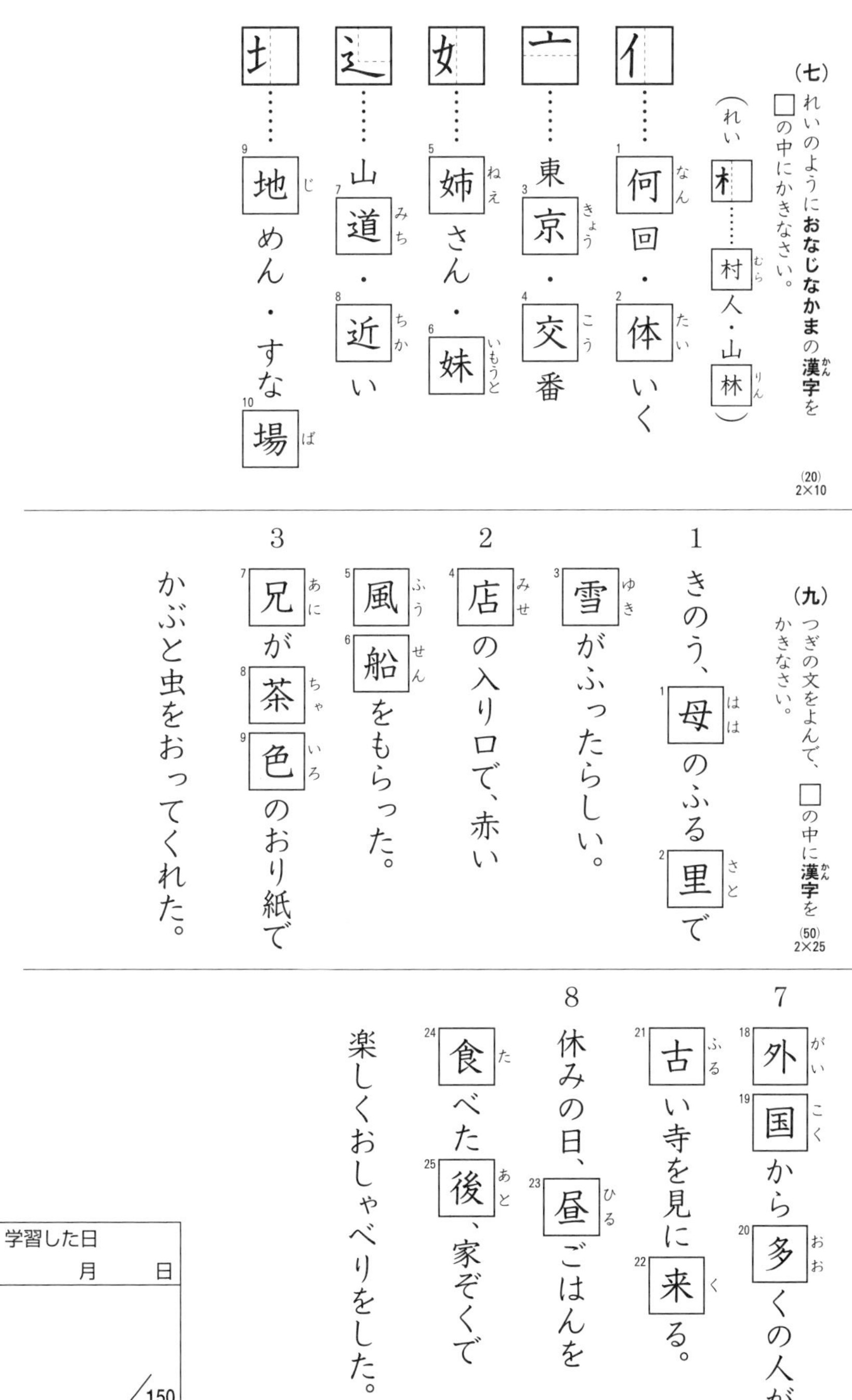

**（七）** れいのように**おなじなかまの漢字**（かん）を□の中にかきなさい。 (20) 2×10

（れい）木……村（むら）人・山林（りん）

亻……1 何（なん）回・2 体（たい）いく

亠……東3 京（きょう）・4 交（こう）番

女……5 姉（ねえ）さん・6 妹（いもうと）

辶……山7 道（みち）・8 近（ちか）い

土……9 地（じ）めん・すな10 場（ば）

**（九）** つぎの文をよんで、□の中に**漢字**（かん）をかきなさい。 (50) 2×25

1 きのう、1 母（はは）のふる2 里（さと）で

3 雪（ゆき）がふったらしい。

2 4 店（みせ）の入り口で、赤い

5 風（ふう）6 船（せん）をもらった。

3 7 兄（あに）が8 茶（ちゃ）9 色（いろ）のおり紙で

かぶと虫をおってくれた。

7 18 外（がい）19 国（こく）から20 多（おお）くの人が

21 古（ふる）い寺を見に22 来（く）る。

8 休みの日、23 昼（ひる）ごはんを

24 食（た）べた25 後（あと）、家ぞくで

楽しくおしゃべりをした。

| 学習した日 月 日 |
| --- |
| /150 |

# 9級 しけんもんだい 12

## 標準解答(こたえ)【本冊84～89ページ】

(一) つぎの文をよんで、――せんの漢字のよみがなを――せんの右にかきなさい。(22) 1×22

1 よく晴(1 は)れた日の昼休(2 ひるやす)みにうんどう場を走(3 はし)り回ってたのしく楽(4 たの)しくあそんだ。

2 母(5 はは)のふる里(6 さと)にすんでいるおじさんは、毎年、自分(7 じぶん)で作(8 つく)った野(9 や)さいや米(10 こめ)をおくってくれる。

3 東(11 ひがし)の空が明(12 あか)るくなって

(二) つぎの漢字のふといところはなんばんめにかきますか。○の中にすう字をかきなさい。(10) 1×10

| | | | | |
|---|---|---|---|---|
| 京…1 ②| 弱…2 ⑤ | 室…3 ⑦ | 汽…4 ⑥ | 帰…5 ⑦ |
| 活…6 ⑨ | 黄…7 ⑪ | 姉…8 ⑧ | 夏…9 ⑩ | 園…10 ⑬ |

(三) □にひらがなを一字かいて、つぎのことばのよみをこたえなさい。(8) 1×8

(れい 左右……さ[ゆ]う)

正午……しょう[1 ご]

(五) つぎの文をよんで、――せんの漢字のよみがなを――せんの右にかきなさい。(10) 1×10

先生が黒(1 こく)ばんに大きく字をかく。
黒(2 くろ)い手ぶくろをもっている。

画用紙(3 がようし)にぞうの絵をかいた。
学校で紙(4 かみ)しばいを見た。

お気に入りの本を大切(5 たいせつ)にする。
かみの毛をみじかく切(6 き)った。

13 太(たい)ようがのぼってきた。

4 あした、おまわりさんから14 交通(こうつう)あんぜんの話を15 聞(き)く。

5 16 親(おや)ねこが子ねこの17 首(くび)の18 後(うし)ろをくわえてはこぶ。

6 四月に19 弟(おとうと)は一年生になる。20 新(あたら)しいランドセルが、弟の21 体(からだ)には、まだ22 少(すこ)し大きい。

---

小魚……こざ 2 [か] 3 [な]

夜空……4 [よ] ぞら

売店……ば 5 [い] て 6 [ん]

人数……7 [に] ん 8 [ず] う

---

**(四)** ○のところは、**はねるか、とめるか、**正しいかきかたで○の中にかきなさい。 (4) 1×4

（れい 字○→字○ 下○→下○）

1 同○じクラス

2 思○い出

3 外○れる

4 竹馬○

---

7 牛(ぎゅう)にゅうをコップに入れてのむ。

ぼく場に8 牛(うし)の赤ちゃんがいた。

ものさしで9 直線(ちょくせん)の長さをはかる。

げんかんの戸を10 直(なお)してもらう。

**(六)** つぎの〰せんの**ひらがな**を**漢字**(かん)でかくと、どちらが正しいですか。正しいほうの**ばんごう**に○をつけなさい。 (6) 1×6

1 いわ山 → 1 右山　②岩山

2 強りょく → ①強力　2 強万

3 図こう → ①図工　2 図土

4 まる木 → 1 九木　②丸木

5 まがりかど → ①まがり角　2 まがり用

6 火せい → 1 火里　②火星

**(八)** つぎの□の中に**漢字**(かん)をかきなさい。 (20) 2×10

1 秋…春(はる)

2 南…北(きた)

3 山…谷(たに)

4 弓…矢(や)

5 魚…肉(にく)

6 母親…父(ちち)親

7 行く…来(く)る

8 おす…引(ひ)く

9 のむ…食(た)べる

10 少ない…多(おお)い

3 11 高(たか)い山の上から12 遠(とお)くをながめてみたけれど、13 雲(くも)が14 広(ひろ)がっていて15 何(なに)も見えなかった。

4 16 計(けい)17 算(さん)もんだいをといて18 答(こた)え19 合(あ)わせをした。

5 さか20 道(みち)を自てん車で下っていると、21 風(かぜ)が

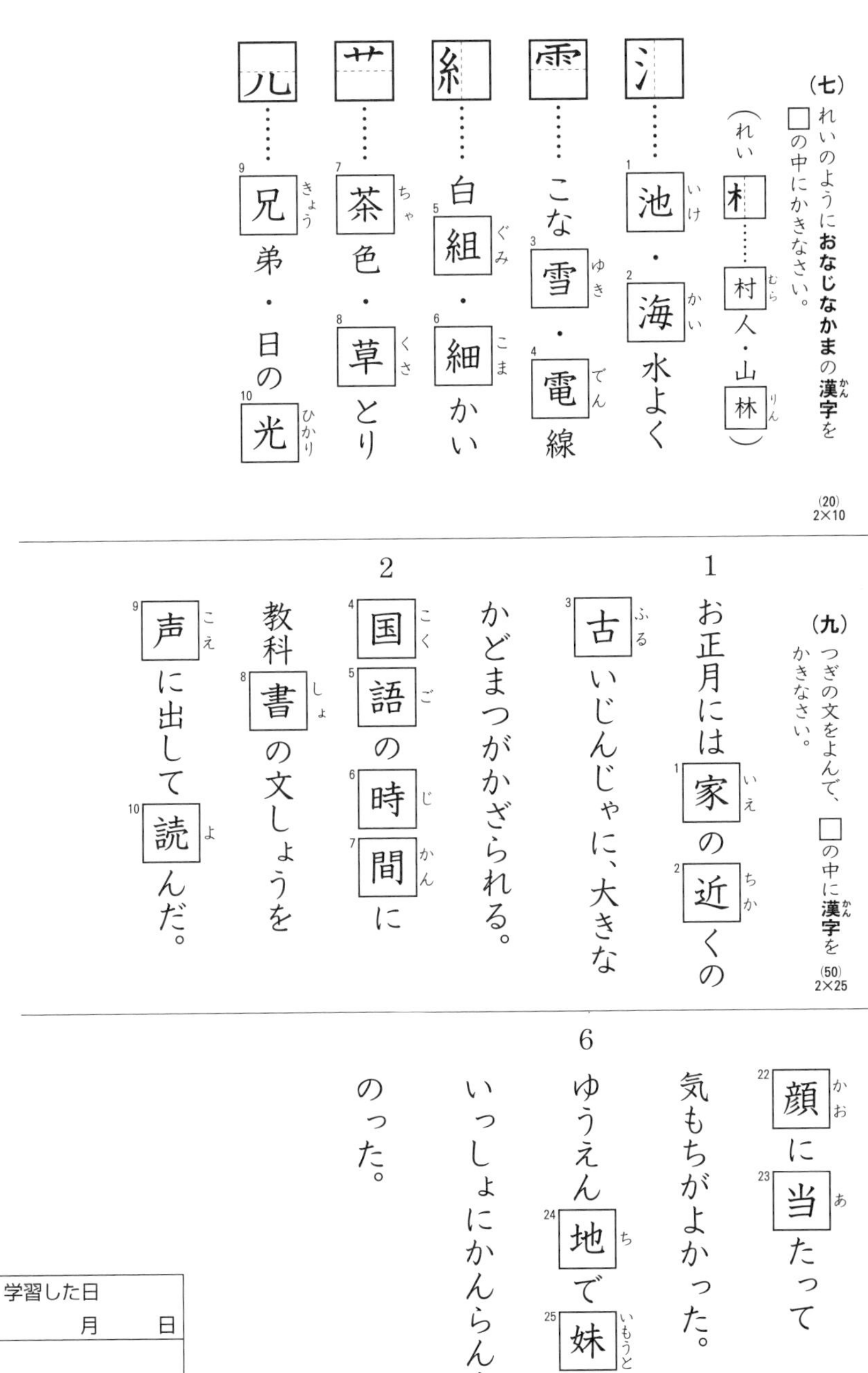

（七）れいのように**おなじなかま**の**漢字**（かん）を□の中にかきなさい。 (20) 2×10

（れい　木……村（むら）人・山林（りん））

氵……1 池（いけ）・2 海（かい）水よく

雨……こな 3 雪（ゆき）・4 電（でん）線

糸……白 5 組（ぐみ）・6 細（こま）かい

艹……7 茶（ちゃ）色・8 草（くさ）とり

儿……9 兄（きょう）弟・日の 10 光（ひかり）

（九）つぎの文をよんで、□の中に**漢字**（かん）をかきなさい。 (50) 2×25

1 お正月には 1 家（いえ）の 2 近（ちか）くの 3 古（ふる）いじんじゃに、大きなかどまつがかざられる。

2 4 国（こく）5 語（ご）の 6 時（じ）7 間（かん）に教科 8 書（しょ）の文しょうを 9 声（こえ）に出して 10 読（よ）んだ。

22 顔（かお）に 23 当（あ）たって気もちがよかった。

6 ゆうえん 24 地（ち）で 25 妹（いもうと）といっしょにかんらん車にのった。

| 学習した日　月　日 |
| --- |
| ／150 |

# 9級 実物大見本 しけんもんだい 13 標準解答（こたえ）【巻末】

（一）つぎの文をよんで、――せんの漢字のよみがなを――せんの右にかきなさい。 (22) 1×22

1 生活科(1 せいかつか)の学しゅうで、町の図書(2 としょ)かんに行(3 い)った。かかりの人に本のかり方(4 かた)を教(5 おし)えてもらった。

2 弟(6 おとうと)は、ねる前(7 まえ)にいつもお母(8 かあ)さんにお話(9 はなし)の本を読(10 よ)んでもらう。

3 こんどのお楽(11 たの)しみ会で

（二）つぎの漢字のふといところはなんばんめにかきますか。〇の中にすう字をかきなさい。 (10) 1×10

| | | | | |
|---|---|---|---|---|
| 1 語…⑩ | 2 声…⑥ | 3 答…⑨ | 4 社…③ | 5 弱…⑤ |
| 6 売…⑦ | 7 南…⑨ | 8 頭…⑯ | 9 池…⑥ | 10 教…⑪ |

（三）□にひらがなを一字かいて、つぎのことばのよみをこたえなさい。 (8) 1×8

（れい 左右……さ[ゆ]う）

天才……て[1 ん][2 さ]い

合格者平均得点 9.0/10

（五）つぎの文をよんで、――せんの漢字のよみがなを――せんの右にかきなさい。 (10) 1×10

兄が野(1 や)きゅうのしあいに出た。
野(2 の)はらでかまきりを見つけた。

ノートに自分(3 じぶん)の名前を書く。
ケーキを四つに切り分(4 わ)ける。

来週はきゅう食の当番(5 とうばん)だ。
矢がまとの中心に当(6 あ)たる。

12何（なに）をするか、13同（おな）じはんの人と14考（かんが）えた。

4 一年前に15買（か）った16黒（くろ）いくつが17少（すこ）しきつくなった。

5 お18父（とう）さんのわらった19顔（かお）を20画用紙（がようし）いっぱいにかく。

6 はくぶつかんで、むかしの21弓（ゆみ）と22矢（や）を見た。

合格者平均得点 21.4/22

半年……3［は］ん4［と］し

見回る……み5［ま］わる

風車……ふ6［う］しゃ

元通り……も7［と］ど8［お］り

合格者平均得点 7.5/8

**(四)** ○のところは、**はねるか、とめるか、**正しいかきかたで○の中にかきなさい。 (4) 1×4

（れい　字○→字　下○→下）

1 思○いやり

2 高○い山

3 外○国

4 市○場

合格者平均得点 3.9/4

すきな7歌手（かしゅ）をテレビで見た。

妹が楽しそうに8歌（うた）っている。

へやの中に9日光（にっこう）がさしこむ。

夜空にたくさんの星が10光（ひか）る。

合格者平均得点 9.5/10

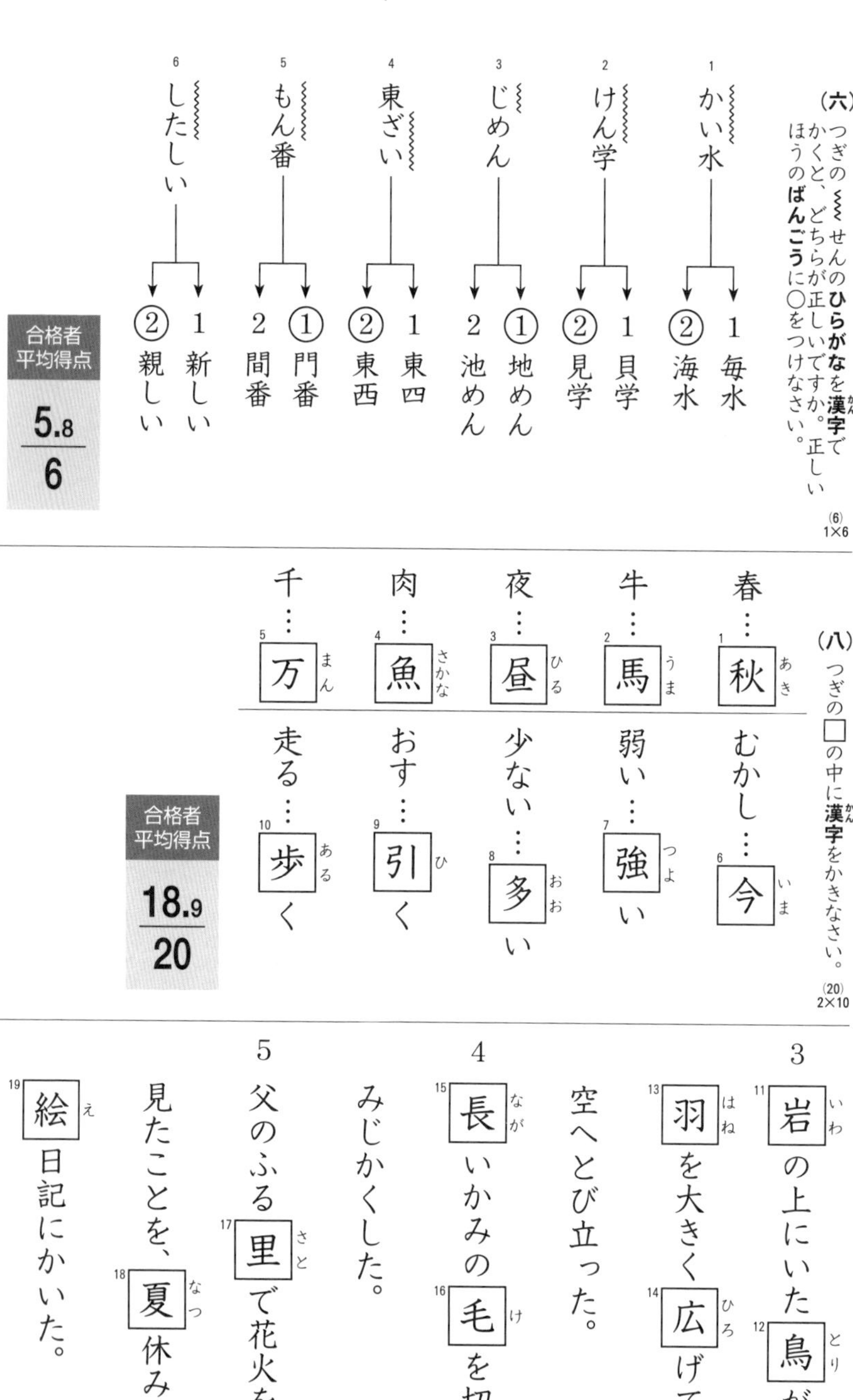

（六）つぎの〰〰せんのひらがなを漢字（かんじ）でかくと、どちらが正しいですか。正しいほうのばんごうに○をつけなさい。 (6) 1×6

1 かい水 — 1 毎水 ② 海水

2 けん学 — 1 貝学 ② 見学

3 じめん — ① 地めん 2 池めん

4 東ざい — 1 東四 ② 東西

5 もん番 — ① 門番 2 間番

6 したしい — 1 新しい ② 親しい

合格者平均得点 5.8/6

（八）つぎの□の中に漢字（かんじ）をかきなさい。 (20) 2×10

春…1 秋（あき）

牛…2 馬（うま）

夜…3 昼（ひる）

肉…4 魚（さかな）

千…5 万（まん）

むかし…6 今（いま）

弱い…7 強（つよ）い

少ない…8 多（おお）い

おす…9 引（ひ）く

走る…10 歩（ある）く

合格者平均得点 18.9/20

3 11 岩（いわ）の上にいた12 鳥（とり）が、13 羽（はね）を大きく14 広（ひろ）げて空へとび立った。

4 15 長（なが）いかみの16 毛（け）を切ってみじかくした。

5 父のふる17 里（さと）で花火を見たことを、18 夏（なつ）休みの19 絵（え）日記にかいた。

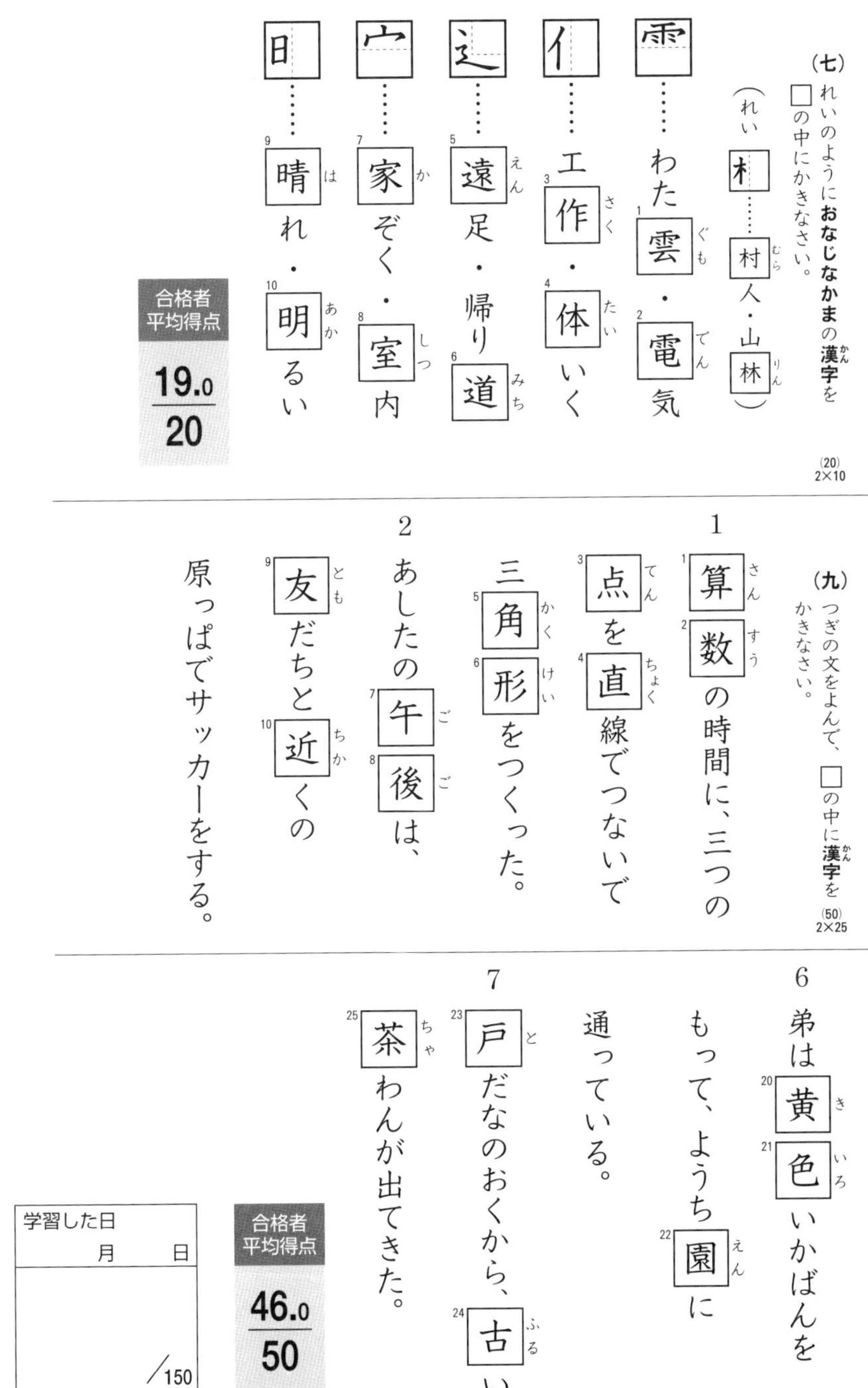

（七）れいのように**おなじなかまの漢字**を□の中にかきなさい。 (20) 2×10

（れい　木……村人・山林）

雨……わた 1 雲・2 電気

亻……工 3 作・4 体いく

辶……5 遠足・帰り 6 道

宀……7 家ぞく・8 室内

日……9 晴れ・10 明るい

合格者平均得点 19.0/20

（九）つぎの文をよんで、□の中に**漢字**をかきなさい。 (50) 2×25

1　1 算 2 数の時間に、三つの 3 点を 4 直線でつないで三 5 角 6 形をつくった。

2　あしたの 7 午 8 後は、9 友だちと 10 近くの原っぱでサッカーをする。

6　弟は 20 黄 21 色いかばんをもって、ようち 22 園に通っている。

7　23 戸だなのおくから、24 古い 25 茶わんが出てきた。

合格者平均得点 46.0/50

学習した日　月　日　／150

## (一) つぎの――線の**漢字**の**読みがな**を――線の**右**に書きなさい。 (30) 1×30

1 雨にぬれたあじさいが美（うつく）しい。
2 公園の中央（ちゅうおう）に広場がある。
3 農家（のうか）の人から新せんなトマトを買う。
4 店内に多くの品物（しなもの）がならんでいる。
5 教科書にのっている詩（し）を音読した。
6 巣（す）から落（お）ちたひな鳥を助ける。
7 ドアを軽（かる）くノックして部屋に入る。
8 ざっ草を根（ね）もとから引きぬく。
9 ひやした麦茶を水とうに注（そそ）ぐ。
10 体育（たいいく）の時間にサッカーをした。

21 川にいる魚について研究（けんきゅう）した。
22 チームは期待（きたい）どおり勝利（り）した。
23 走りつづけて息が苦（くる）しくなった。
24 太いつなを両方（りょうほう）から引き合う。
25 石炭（せきたん）をもやして汽車が走る。
26 広い畑（はたけ）でさつまいもを育てる。
27 おかしの空き箱を工作に役立（やくだ）てる。
28 たきの水がいきおいよく流（なが）れ落ちる。
29 他人の意見（いけん）に耳をかたむける。
30 外国の大きな客船が港（みなと）を出ていく。

合格者平均得点 29.1 / 30

## (三) （　）の中に**漢字**を書いて、上と**はんたいのいみのことば**にしなさい。 (10) 2×5

せめる――1（守）（まも）る
あさい――2（深）（ふか）い
受ける――3（投）（な）げる
始め――4（終）（お）わり
さんせい――5（反）（はん）対

合格者平均得点 9.1 / 10

11 ふろ上がりにジュースを飲(の)む。

12 神社で祭(まつ)りのたいこが鳴っている。

13 アンデルセンの童話(どうわ)を読む。

14 くもの糸が銀(ぎん)いろに光って見えた。

15 小川にかかる丸木の橋(はし)をわたる。

16 雲の間から太陽(たいよう)が顔を出す。

17 都会(とかい)の大通りにビルが立ちならぶ。

18 電池をつなぐと豆電球(まめでんきゅう)がついた。

19 今日は予想(よそう)したとおり、晴れた。

20 筆箱(ふでばこ)に新しいえん筆を入れる。

**(二)** つぎの**漢字**の**太いところ**は、**何番め**に書きますか。◯の中に**数字**を書きなさい。 (10) 1×10

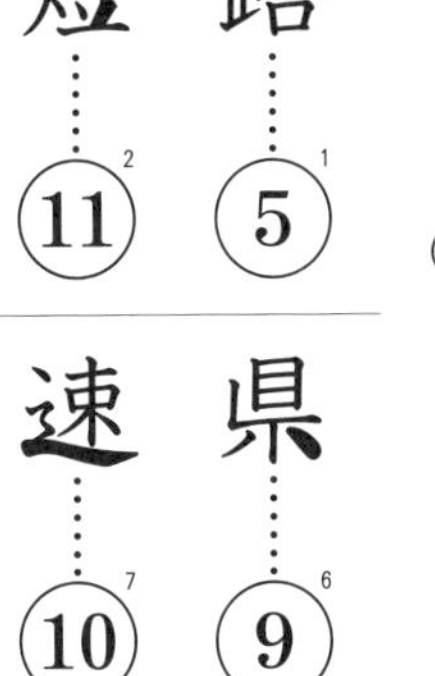

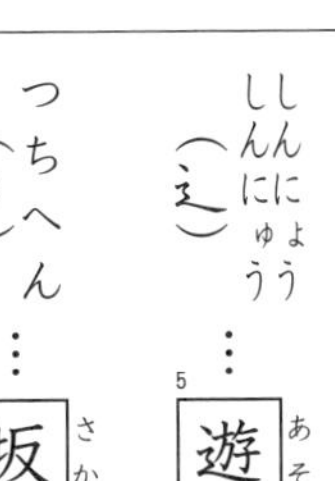

1 路……⑤
2 短……⑪
3 乗……⑥
4 員……④
5 級……⑦
6 県……⑨
7 速……⑩
8 鉄……⑬
9 着……⑫
10 様……⑭

合格者平均得点 8.8/10

**(四)** **おなじなかまの漢字**を□の中に書きなさい。 (20) 2×10

くさかんむり(艹)…1 荷(に)物・2 薬(やっ)局

まだれ(广)…校3 庭(てい)・金4 庫(こ)

しんにょう しんにゅう(辶)…5 遊(あそ)び場・6 運(はこ)ぶ

つちへん(土)…7 坂(さか)道・8 地(じ)面

さんずい(氵)…ごま9 油(あぶら)・10 温(おん)度

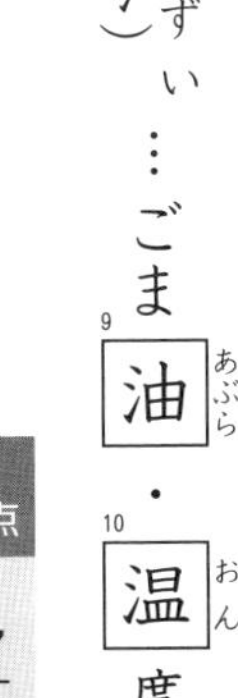

合格者平均得点 18.7/20

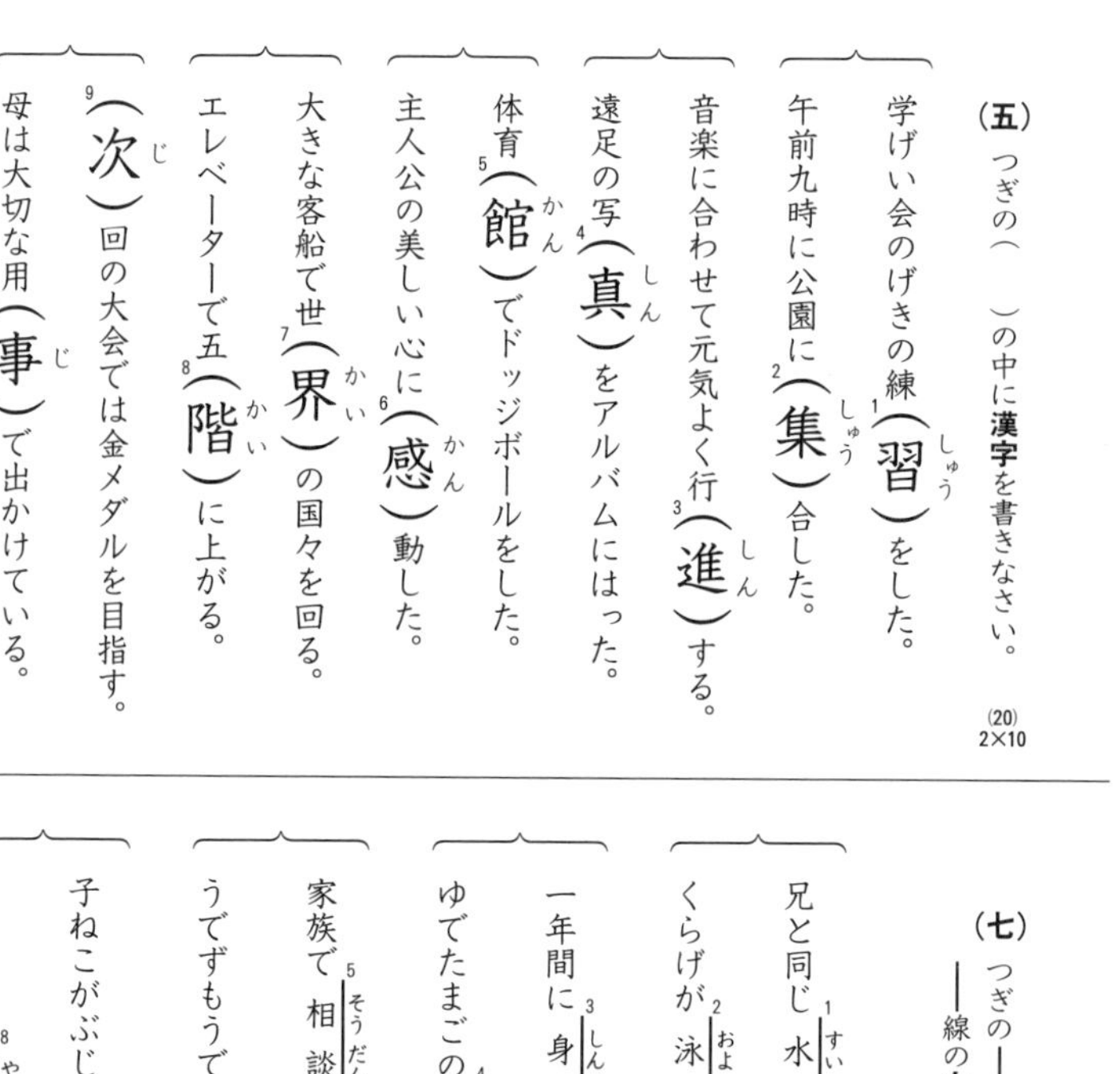

**（五）** つぎの（　）の中に**漢字**を書きなさい。 (20) 2×10

1 学げい会のげきの練（習《しゅう》）をした。

2 午前九時に公園に（集《しゅう》）合した。

3 音楽に合わせて元気よく行（進《しん》）する。

4 遠足の写（真《しん》）をアルバムにはった。

5 体育（館《かん》）でドッジボールをした。

6 主人公の美しい心に（感《かん》）動した。

7 大きな客船で世（界《かい》）の国々を回る。

8 エレベーターで五（階《かい》）に上がる。

9 （次《じ》）回の大会では金メダルを目指す。

10 母は大切な用（事《じ》）で出かけている。

合格者平均得点 17.8/20

**（七）** つぎの――線の**漢字**の**読みがな**を――線の**右**に書きなさい。 (10) 1×10

1 兄と同じ水泳《すいえい》教室に通う。

2 くらげが泳《およ》ぐ様子をながめた。

3 一年間に身長《しんちょう》が五センチのびた。

4 ゆでたまごの白身《しろみ》を食べる。

5 家族で相談《そうだん》して旅行先を決めた。

6 うでずもうで強い相手《あいて》に勝った。

7 子ねこがぶじに生まれて安心《あんしん》した。

8 スーパーで安売《やすう》りをしていた。

3 理科の時間に、いろいろな物の 5 重《おも》さを 6 調《しら》べた。

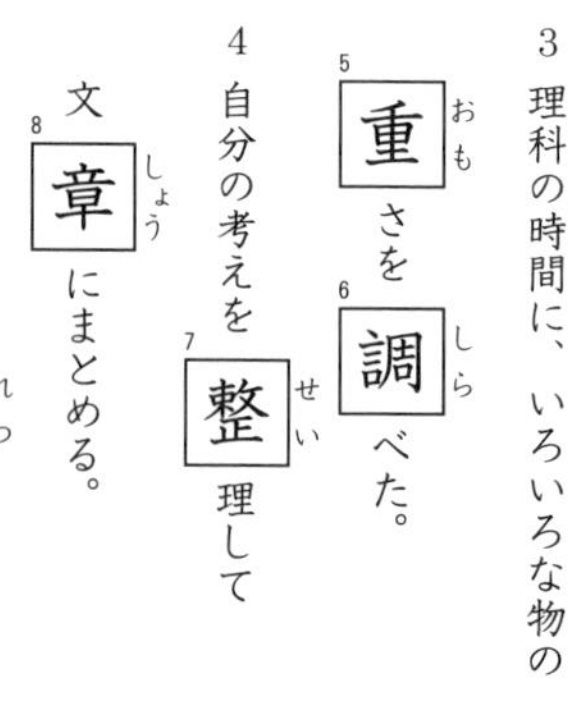

4 自分の考えを 7 整《せい》理して 文 8 章《しょう》にまとめる。

5 ペンギンが一 9 列《れつ》にならんで 海に 10 向《む》かって歩く。

6 きのう、歯 11 医《い》 12 者《しゃ》さんに 虫歯をみてもらった。

7 まきじゃくを使って黒 13 板《ばん》の たてと 14 横《よこ》の長さをはかる。

**(六)** つぎの——線の**カタカナ**を◯の中の**漢字**と**おくりがな(ひらがな)**で□の中に書きなさい。 (10) 2×5

〈れい〉 (大) **オオキイ**花がさく。 大きい

1 (開) 教科書の三十ページを**ヒラク**。 [1] 開く

2 (味) しぼりたての牛にゅうを**アジワウ**。 [2] 味わう

3 (返) 先週かりた本を友だちに**カエス**。 [3] 返す

4 (曲) はり金をペンチで**マゲル**。 [4] 曲げる

5 (平) **ヒラタイ**皿にやいた魚をのせる。 [5] 平たい

合格者平均得点 9.1/10

---

テストで計算の実力(9 じつりょく)をためす。

うめの木に実(10 み)がいっぱいなっている。

合格者平均得点 9.6/10

**(八)** つぎの□の中に**漢字**を書きなさい。 (40) 2×20

1 木々の [1] 葉(は) の [2] 緑(みどり) がこくなってきた。

2 きょうりゅうの歯の [3] 化(か) 石が [4] 発(はっ) 見された。

---

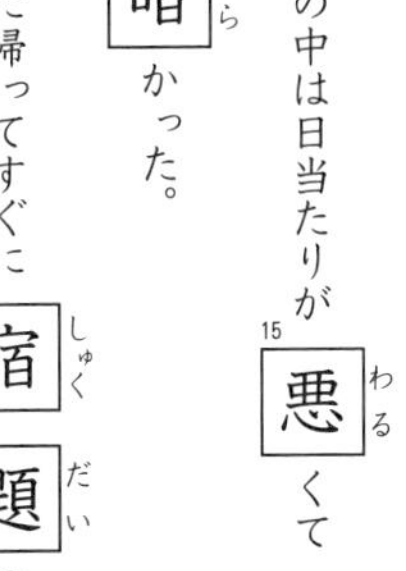

8 林の中は日当たりが [15] 悪(わる) くて [16] 暗(くら) かった。

9 家に帰ってすぐに [17] 宿(しゅく) [18] 題(だい) の漢字ドリルをした。

10 わたしの [19] 住(す) んでいる町には [20] 有(ゆう) 名な寺がある。

合格者平均得点 36.5/40

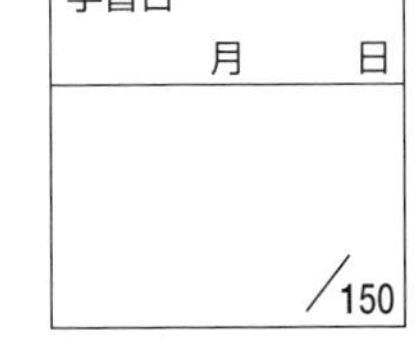

学習日 月 日

/150

## 9級受検者の年齢層別割合（2019～2021年度）

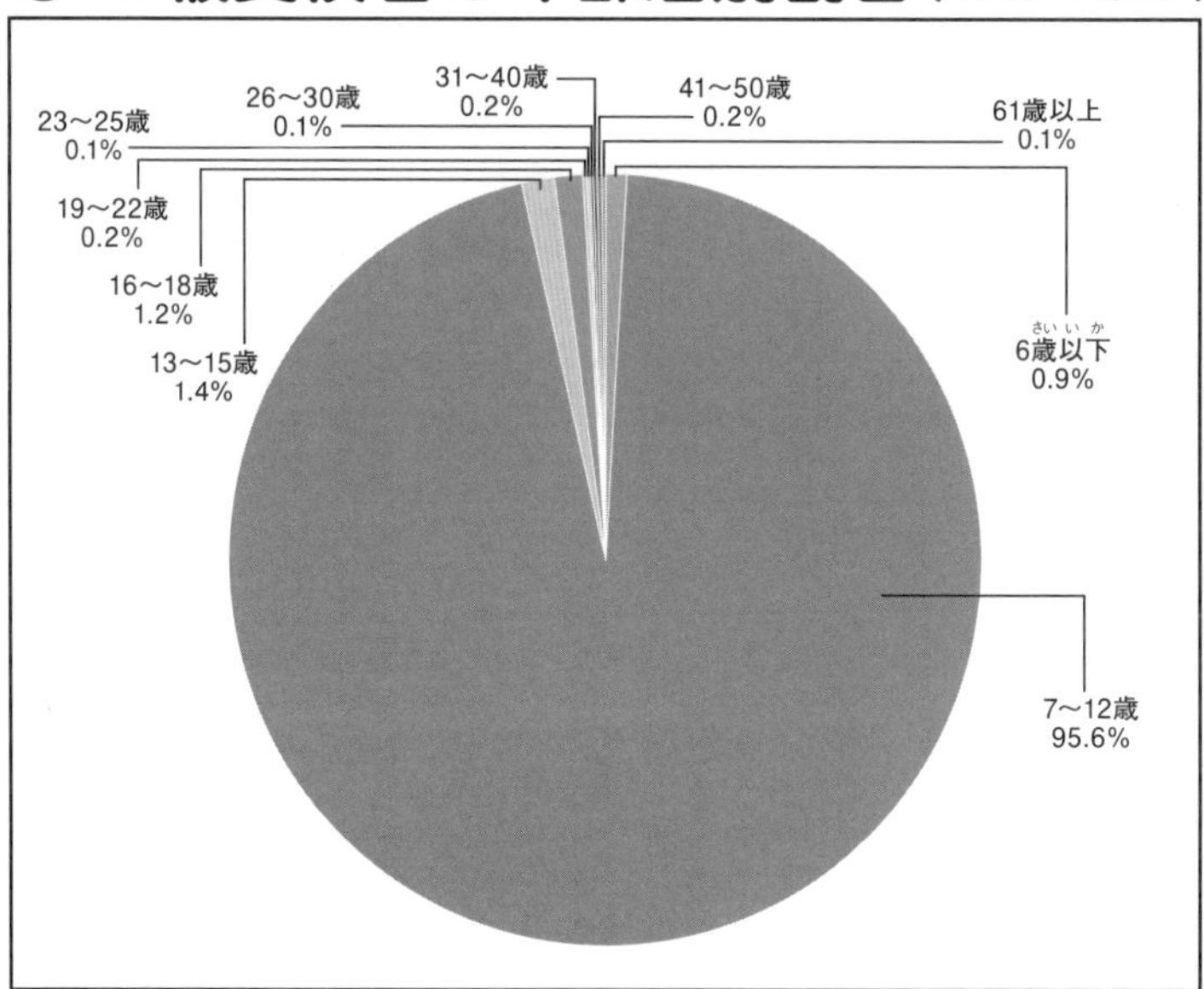


## 9級の大問別正答率（しけんもんだい 8）

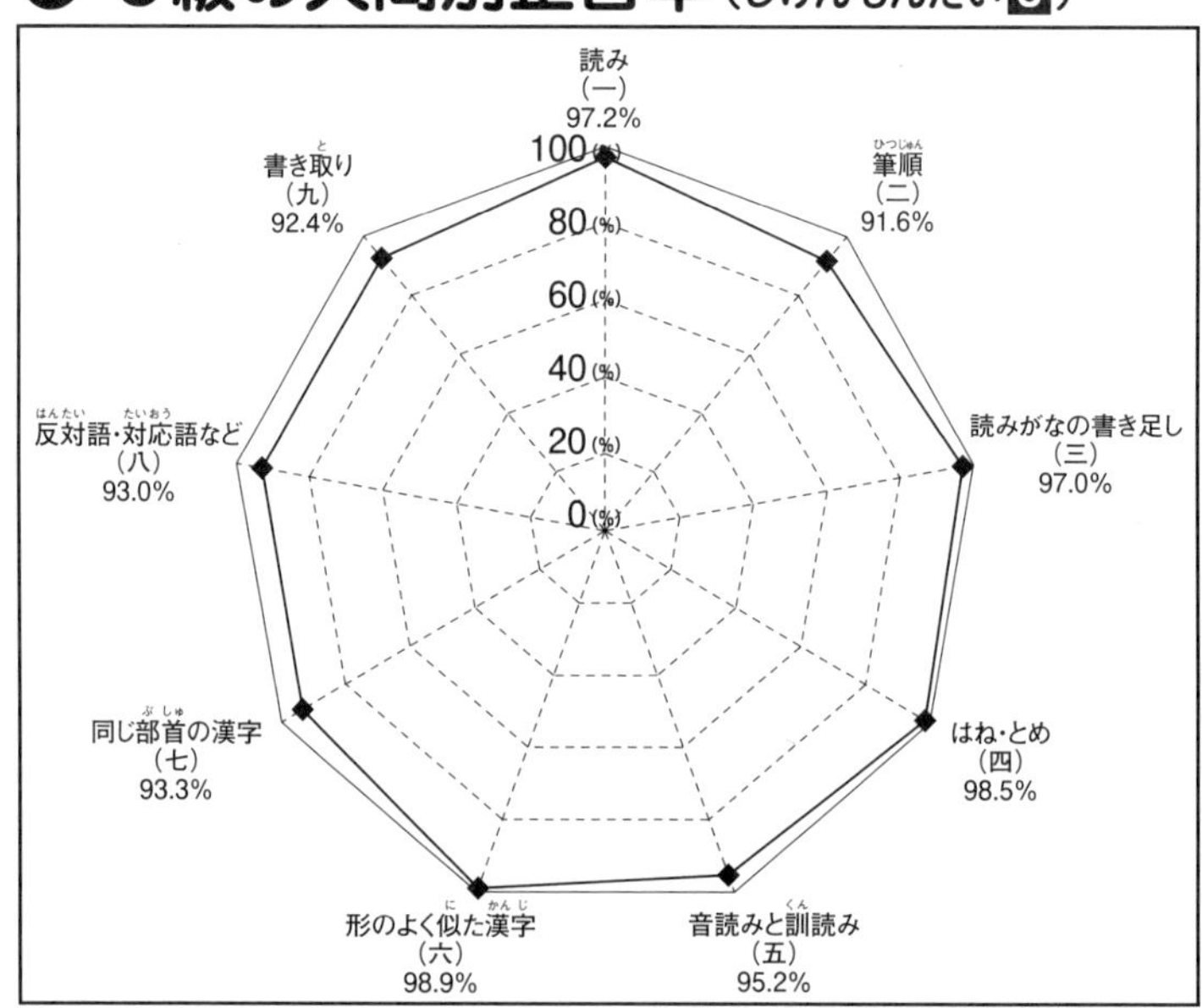